宇宙マスター神
「アソビノオオカミ」の呪縛解き
―封印された日本人の目醒め―

88次元Fa-A　ドクタードルフィン
松久 正

はじめに

３年以上も続いた、新型コロナウィルスがようやく収束し始めています。マスクは「個人の判断」となり、２０２３年5月に2類から5類に移行しました。しかし、今なお、街中や電車、飲食店などで半数はマスクを着けています。中には、「このままマスク生活をしたい」と、ノーマスクを拒んでいる人も多いようです。あえて、顔を隠して、個性を消して、周りと自分を同一化していく。そこまで、自ら、「個」を消そうとする理由は何でしょう？　それは、日本人にかけられた、まさに、呪縛です。

本書は、そんな呪縛民族・日本人に伝える、宇宙マスター神・「アソビノオオカミ」からのメッセージです。本来、「アソビノオオカミ」は、地球人類に直接関わらない神ですが、コロナ後、呪いが解けるどころか、ますます呪縛を強める、今の日本に危機感を抱き、私を通してエネルギーを送ってきました。

そのため、かなり厳しい内容になっており、「ここで変わらないと、大変なことになる」という、警告でもあります。

日本人は、今、自分たちの国が世界の中でも飛び抜けた「呪縛国」になっていることに気づいていません。過去の自著でも記してきましたが、本来、日本人は、非常に高い霊性を持った世界を導く民族ですが、霊性は封印され誇りを失っています。

同調圧力が、人々を動かす最も強い原動力となり、みんなと同じであること、人並みの生活を送ることが「最善」だと、洗脳されています。

しかし、そこに夢や希望はなく、年間の若者の自殺者は増え続け、２０２２年には小中高生の自殺も過去最多となりました。また、日本人の世界幸福度ランキングは、常に先進諸国の中で最低順位です。それでも、まだ、多くの日本人が、自分は人並みに幸せであり、変わる必要はない、と、思い込んでいます。いびつで矛盾した、その状況こそが、呪縛の本当の恐ろしさだとわかっていません。

そんな、今の日本人に、いきなり、「呪いを解け」と言っても、何を言われているのかちんぷんかんぷんで、理解不能でしょう。ですから、本書では、呪縛の正体を紐解き、呪縛民族になった歴史的背景、さらに、呪いの本当の意味までを、「アソビノオオカミ」の高次元の視点で紐解いていきます。

そこには、これまで誰も語ってこなかった話、信じられないような事実、さらには、すぐには受け入れられない真実も出てくるため、受け入れるには難しい部分があるかもしれません。しかし、できるだけ、三次元の意識次元でも理解できる言葉で記していますので、すぐには受け入れられなくても、必ず、響くものがあるはずです。この本によって、呪縛を解くきっかけをつかめたら、それこそが、「アソビノオオカミ」からの救済であり、そして、高次元のエネルギーを受け取ることになります。

この「アソビノオオカミ」からのメッセージは、地球人類の中で、ずば抜けて優秀な精神性を潜在的に持つ日本人だからこそ、日本人に向けて降りてきたものです。

それを、エネルギーとして共鳴する私ドクタードルフィンが語ります。

どうか、その素晴らしき日本人魂が、この本を通して、強力に目覚めますようにに、そう強く願っています。

88次元Fa-A

ドクタードルフィン　松久　正

《目次》

第3章　同調圧力から離れ「個」の世界を目指す

第4章　呪縛を解く究極のアプローチとは

第1章

日本人を束縛し続ける「呪い」の正体

日本人は二重の呪いにかかっている

「アソビノオオカミ」は、大宇宙大和神《おおとのちおおかみ》と、双璧をなす至高の存在です。

大宇宙大和神は、宮崎にある幣立《へいたて》神宮の御祭神でもあり、私は、これまで、大宇宙大和神について、毎年1冊ずつ、全部で3冊の著作を出してきました。

「アソビノオオカミ」についても、2021年に、『宇宙マスター神「アソビノオオカミ」の秘教』(青林堂)という著作を出しており、本書が2冊目になります。

片仮名で「アソビノオオカミ」と書くのは、遊び好きだからではありません(笑)。宇宙文字で読むと、「アソビノオオカミ」になるのですが、どこの神社にも記されていないので、ほとんどの日本人は、この名前を知らないでしょう。

しかし、「アソビノオオカミ」は、天照大御神《あまてらすおおみかみ》や天之御中主神《あめのみなかぬしのかみ》、伊邪那岐《いざなぎの》命《みこと》、伊邪那美命《いざなみのみこと》など、地球に関与している、あらゆる神々よりも、格段にエネルギーレベルが高い存在です。元々、50次元の存在でしたが、現在は、私ドクタードルフィンが、国内と海外各地で行ってきたエネルギー開きによって、地球と宇宙のエネルギーが次元上昇し、大宇宙大和神とともに、55次元まで上がっています。

世の中には、7次元や8次元、10次元のことを書いた本はたくさん出ており、そこまでなら、皆さん、何とか着いていけます。しかし、私自身は88次元の存在であり、そこまでいくと、当然、誰も着いてこられません。地球人類の意識次元で、何とか受け入れられるのは、7次元8次元が限界なのです。ただ、これからは、意識次元が上がっていかないと、変化する時代に着いていけないので、あえて、私は、高い次元から話をしています。

冒頭で言ったように、「アソビノオオカミ」と大宇宙大和神は、ペアになっています。素粒子にも陰と陽があり、ポジティブとネガティブが同時に存在するように、神様も、陰陽が同時存在しており、陽の存在が大宇宙大和神、陰の存在が「アソビノオオカミ」になります。ただ、大宇宙大和神は地球に舞い降り、地球に直接関与していますが、「アソビノオオカミ」は宇宙に存在したまま、間接的に稼働し、見守るという立ち位置です。それぞれが一対となり、ポジティブとネガティブの関係で互いを補い合い、地球を守っているのです。

今回、私ドクタードルフィンが、「アソビノオオカミ」から感じとっているエネルギーは、「地球人、特に、日本人の束縛からの解放」です。

日本人は、受けている束縛がとても強く、日常生活を送る中で、日々、「こうあるべき」「こうなるべき」と、縛られて生きています。その束縛を解いていかないと、穏やかな存在にはなり得ませんし、穏やかな社会も築けません。今の日本で、「束縛を解いた方がいい」と、危機感を持って、真剣に訴える人はいませんが、高次元からは、「すぐに束縛を取りなさい」という、情報が送られているのです。

最近は、マスクをしていない人を、ようやく見かけるようになりましたが、

「マスクを取っていいよ」、と政府が発表した直後は、まだ、90％以上がマスクをしていました。これは、もう異常です。しかし、その、異常さに気づいていません。

コロナ騒動のピークの時に、ＹｏｕＴｕｂｅやＦａｃｅｂｏｏｋなどで、公に、「マスク取れ」「バカ日本人」とか「マスク奴隷」「マスクゾンビ」と、警鐘を鳴らしていたのは、私ぐらいでしょう。しかも、その動画も、突然、ＢＡＮされたこともありました。理由もなく、いきなりだったので、驚きました。おそらく、本当のことを私が言うと、困る人たちがいたのでしょう。

そのように、日本人は、束縛されているのです。

では、束縛とは何でしょうか。それは３次元的な呪いです。今の私の視点で見ると、おもな呪いは２つあり、まず、１つ目は、こうしないと自分がダメになるから、そうせざるを得ない、これを破ったら、災いが降りかかる、という思い込み。２つ目の呪いは、今の政治、政府、専門家、メディアに従っていれば、自分は安泰という勘違い。この、2つの呪いが二重にかかっています。

私は、常々、日本人はどうして変われないのか、なぜ、不安と恐怖におののいて、誰かの言うことだけを聞く、操り人形になったままなのかと、嘆いてきました。その理由は、二重の呪いをかけられていることを、多くの日本人が、まったく気づいていないからなのです。

呪縛を解く最初のステップは呪いに気づくこと

日本人の呪いは、高次元の至高のマスター神でないと、解けないだろうと、「アソビノオオカミ」は言っています。なぜなら、地球レベルのどんなリーダーやトップが解こうと思っても、解けないぐらい強力な洗脳だからです。洗脳を解くためには、人類が、高次元のエネルギーの力を借りて、意識次元を上げ、束縛を外していかないといけません。ここが、最も大事だと、「アソビノオオカミ」は伝えています。

なぜ、本来、地球に直接関与せず、見守っている存在の「アソビノオオカミ」が、このタイミングで、強力なメッセージを送ってくるのでしょう？　それは、新型コロナウィルスが収束し始め、２類から5類にカテゴリーが落ちた今、いよいよ、変化の時期を迎えたからです。

「アソビノオオカミ」が、今、日本人にメッセージを発信しているのは、束縛を解くのに、最も良い時期を迎え、洗脳から目醒め、自分たちを束縛から解放していくスタート地点に、ようやく立ったからです。

しかし、ここで問題になるのは、束縛されている本人は、束縛の実感も自覚もないということ。自分をまともだと思っている人は、自分たちとは違う人は全部、「まともではない」と感じます。３次元的な集合意識の中で生きていると、「皆と違うものは、変なもの」、と感じる人がたくさんいますが、高次元の宇宙視野で見た場合、その感覚こそ、ものすごく、「変」です。

高次元にいる宇宙人ほど、自由自在に生き、誰の干渉も受けません。しかし、地球人、特に、日本人は、まったく逆です。常に、皆と違う人はいないか、他者の言動、行動を見張り、干渉し、批判することによって、互いを縛り合っている。それは、宇宙視野で見ると、とても、いびつで不自由な、「変」な状態です。なのに、なぜ、「変」だと思わないかというと、束縛や呪いに取り憑かれているせいです。

まず、そこを認識しないと、「自分たちは正常」という意識に囚われ、何も変わりません。それは、呪いをかけられ、動けないようにされているのと同じ。心理的に心の自由を奪われた状態は、まさに、呪縛という言葉がぴったりでしょう。

では、一体、誰が呪縛をかけたのかというと、利権を持った人たちです。医学的利権、政治的利権、経済的利権を持った人たちが、呪いをかけています。

しかし、その呪縛は、あくまで、3次元的な低い次元の地球的エゴ意識。それらを操っているのは、目に見えない宇宙意識です。その意識が、人類を一回、貶め、気づかせて学ばせようとしています。

つまり、３次元的に捉えると、呪縛をかけているのは、利権を持った人たちと、それを操る闇の存在ですが、さらに、その上には、宇宙的視野、宇宙意識が働いています。「呪縛」を、どの段階で捉えるかによって、答えは変わってくるのですが、いずれにしても、人類の意識は、一度、落ちなくてはいけなかったのです。

だから、落ちることは悪いことではありません。「アソビノオオカミ」を通して、私ドクタードルフィンが、脅しているわけでもありません。それは必要なステップだと言っており、その上で、次のステップへと進む時期がきたのです。

コロナ騒動を経て時代が変わる今、これまで落ちていたところから、いよいよ、次の段階へと上がるフェーズに入りました。ただ上がるのではなく、そもそも、下に落ちないと、上には、上がれないのです。本書は、強力な呪縛を受け続け、落ち切った日本人を、目醒めさせるための本です。束縛を解き放ち、自由に羽ばたくためのメッセージになります。

そのためには、まず、呪縛がかかっていることを、皆さんに教えなくてはなりません。私がそう言っても、多くの人は、自分たちは呪縛なんかかかっていないと思っていて、若い子は、「呪縛」という言葉すらわからないかもしれない。それは、自分の今の生き方や状況がまったく「普通」「正常」であり、問題がないと思っているからです。中には、自分たちの在り方が最も「正しい」と、信じて疑わない人もいるでしょう。

特に、若者の多くは、集合意識の中で育ち、できるだけ傷つかず、また、人を傷つけない生き方をしている人が多いので、呪縛に気づきにくい状態です。

なぜかというと、自分が傷つかない、人を傷つけない生き方は、世の中の常識と固定観念から外れないという「方程式」に行き着くからです。

ここが、呪縛を読み解く重要な鍵です。傷つかない、傷つけない生き方は、他人や社会が「良い」とする価値観が基準になっており、自分の意志や独自の感覚を無視して、常識や固定観念の中で生きるということになります。つまり、同調圧力によって動かされているのです。

でも、そこからはみ出すと、支えを失い、たちまち、自分が不安定になってしまいます。同調圧力に逆らってしまうと、他人から責められたり、批判や非難をされたり、変なふうに思われ傷つきます。また、社会からはみ出て、「変な人」の烙印を押されると、家族や友人など、周囲も傷つけてしまいます。そうならないために、多くの日本人は、人と同じでいたいと思い、若者は、皆、似たような服を着て、似たような歩き方や会話をしている。ＳＮＳの普及で情報伝染が進み、ますます個性がなくなっています。

それこそが、まさに、束縛であり呪縛だと、「アソビノオオカミ」は伝えています。

「人並みでいい」感覚が呪いを強める

呪縛がかかっている人たちに共通しているのは、「人並みでいい」という感覚です。これは、とても強い感覚で、今の日本人は、人並み以上の生活や個性を求めると、大変なリスクを負う感覚になっています。それを避けるために、人並みの幸せでいいとして、人並み以上を求めなければ、安全だと思い込んでいます。

昔は、今より、「はみ出し者」をよく見ました。一風、変わり者で、将来、どうなるか心配されるような人たちですが、意外と、大人になると、目を見張るぐらい芯のある人になったりします。一方、子供時代から真面目で、親や社会の言うことばかり聞いていた優等生が、ある時からネジが外れ、社会に適応できなくなることも、多々あります。

今の若者は、外れる生き方は受け入れられません。ちょっとでも、はみ出すことを嫌い、「世間一般と違う人」になることを、何よりも恐れているからです。

その感覚は、一見、平穏に思えますが、鳥かごの中にいるようなもの。鳥かごに閉じこめられていることを、認識する必要があります。

今は、平和は社会に守られていても、いつ世界大戦が勃発するかわかりません、経済や穏やかな日常が破綻しないという、保証もありません。先ほどの、優等生の例のように、自分の内部から、壊れていくかもしれない。当たり前の日常など、いつ、どのように崩壊するか、誰も予測できないのです。

「アソビノオオカミ」が危惧しているのは、平和な日々が同じように続いている間は、「人並み」の生き方でもまかりとおりますが、突然、日常が壊され、安全な鳥かごから放り出されたら、その後、どうするのかという問題です。鳥かごの外では、「皆と同じでいい」という考え方はまったく通用しなくなり、「人並みの幸せ」は、すぐに破綻するでしょう。

宇宙的視野で言うと、人並みでいいと思っている人も、その人の魂は、人間の生命の本質を知っています。「私はこれで本当に幸せなのか？」と、いずれ、思い返すタイミングがやってくるのです。

例えば、社会に出てすぐの20歳はまだよくても、30歳になり、社会の厳しさを知り、思いどおりにいかない現実に直面すると、人は、これまでの人生に疑問を持つようになります。そして、これまでの幸福観ではもの足りなくなってくる。そこで、初めて、「人並み」ではいられない自分に気づき始めるのです。

私が、今、警告したいこと、そして、日本人に一番知ってもらいたいのは、「皆と同じであればいい」という呪縛を解き、あなただけの魅力を創り出す方向へ飛び出す必要があるということです。

コロナ禍では、「皆がやるから」とマスクをして、行動制限され、上から言われるまま、ワクチンを打ってきました。互いを縛り合う、社会の同調圧力もピークに達した3年間でしたが、臨界点を超えれば、必ず、揺り返しがきます。

コロナ禍で行きすぎた束縛を、一つ一つ取り去っていくチャンスが、ようやく今、巡ってきたのです。

日本人の「呪縛度」は世界平均の70倍

高い次元の宇宙的視野で言うと、本来、個の存在は誰にも束縛されず、存在それぞれが独自の生き方を持っています。

Ａ、Ｂ、Ｃがいるとしたら、ＡはＡの、ＢはＢの、ＣにはＣの、まったく違う生き方があり、そこに共通点がなくても、互いに受け入れ、敬意を払っているので、独自性が成り立っています。それは、個を捨て、すべてを画一化し、皆が同じになることで、表面的な平穏を保っている状態とはまったく違います。

今の日本人は、ＡＢＣすべてを、同じ色の丸で囲い、そこに閉じ込められている状態です。小さな丸の中で、「こうであれば幸せ」「こうでないと幸せではない」と、ルールを作って、互いに縛り合っています。そのルールこそ、平穏を保つ生き方だと思い込んでいますから、囲われた丸から放り出された途端、指針を失い、生きていけなくなってしまう。これが、今の日本人の姿であり、呪縛の恐ろしさです。

呪縛の強さは、社会全体が、「周りと同じでありたい」と思っている意識の度合いが、どれくらい高いかで決まります。その、呪縛の度合いを、「呪縛度」として、言動や思想などの、さまざまな要素を0から10で測り、その数値が高いほど、呪縛が強いということになります。

このように、呪縛度を測ると、高次元の宇宙人は、0から1。エゴが入ってくるような、低次元の宇宙人は、4から5です。驚くことに、地球人の平均呪縛度は、かなり高く、「9」ぐらい。しかも、日本人は、それを上回り、「10」と、断トツのトップです。

「9」と「10」なら、大した違いはない気がしますが、この差は、とても大きいものです。宇宙的視野だと、「9」と「10」の差は、「1」しかありませんが、「アソビノオオカミ」が、地球的視野で人類の意識レベルをグレード化すると、歴然とした差があり、「9」と「10」の間には、ものすごい幅があります。

具体的に数字で表してみましょう。例えば、地球人類全体の呪縛度の平均を、100のうちの「1」としましょう。その中で、日本人はいくつでしょう？なんと、「70」です。世界平均の70倍、呪縛度が高く、飛び抜けて、呪いにかかっていることになります。

これが、「アソビノオオカミ」からの大警告で、日本人の多くが持っている、「人並みに幸せ」という思い込みが、実は、地球人類平均値の70倍もの、高い呪縛度からきていることに、警鐘を鳴らしているのです。

しかし、ほとんどの日本人は、それをわかっていません。私ドクタードルフィンも、せいぜい10倍くらいと思っていたのですが、どんどん上がって、70

倍になってしまいました。それほど、日本人の、「人と同じでいい」「人並みに幸せ」という意識、そして、「周りに合わせなければいけない」という固定観念は強く、世間体や同調圧力に強く縛られているといえるでしょう。

ちなみに、他の国の呪縛度を測ると、ヨーロッパは、「5」ぐらい、アメリカとオーストラリアは、「1」よりちょっと低く、より自由度が高いです。でも、さらに自由なのは、いわゆる発展途上国とされてきた国々。現在、勢いのあるインドも含め、発展段階の国の方が、呪縛度は低く、文明が発達すればするほど、その度合いが上がるという構図が読めます。

また、韓国は、日本と似ているように思えますが、呪縛度はずっと低く、「10」です。だから、世界に通用するK－POPや、アカデミー賞を取るような映画など、日本にはない、独自のジャンルを生み出せるのでしょう。

中国も、「20」で、日本よりずっと低い。共産主義の国だから、洗脳が強く、国民全体がコントロールされて、呪縛度も高そうですが、日本人よりも、ずっと、それぞれの「個」があります。なぜかというと、彼らは、国から無理やり従わされているので、「何クソ」「そうはならないぞ」という反発心があるからです。自ら、束縛されにいき、呪いに気づかないまま、安穏と暮らしている日本人とは、まったくベクトルが違うのです。

それなのに、多くの日本人は、「中国より日本は自由」と思っています。そこに、大きな落とし穴があり、呪縛だらけなのに、その認識すらできていないため、「70」になってしまう。まさに、呪縛民族といえるでしょう。

呪縛度を下げるには、世界人類に比べ、自分たちは、はるかに強く呪われ、自国に洗脳されていると、まずは、認識しないといけません。個性を失くし、同じ色の丸の中に閉じこもって、「自分たちは結構、幸せだから、このままでいい」と思っている限り、いつまでたっても、呪縛度は下がらないでしょう。

第2章

開国と戦後が生んだ洗脳の歴史

江戸時代まで日本人は「個」を持っていた

ここまで、日本人が、いかに、洗脳という呪いによって縛られ、世界の中でも、突出して呪縛度が高いかという話をしてきました。ここからは、呪いとは何かということを、さらに解説していきたいと思います。

まず、地球人類に対して、「アソビノオオカミ」や大宇宙大和神など、高い次元の神が、呪いをかけることはありません。そもそも、呪いはネガティブな言葉であり、低いエネルギーですから、あらゆるものを超越した高次元の神が、人間に呪いをかけることはないのです。そこは、きっちりわかっておいてください。

では、誰がかけるのかというと、人類が、目醒め、自由になって羽ばたくと、困ると思っている存在たちです。それは、自分たちのエゴで人類を統率したがっている地球人たちと、そういった地球人を操っている、身体をなくして間もない、地球を卒業したぐらいの低い次元の霊的存在たちです。そのどちらか、もしくは両方が、自分たちのいいように人類を支配し、統率しようとする思いが、呪いだと、私は考えています。

日本人は、昔から呪縛民族だったわけではありません。江戸時代の前期から中期までは、束縛や呪縛は、ほとんどなかったのです。鎖国をしていたため、閉鎖的な島国根性はありましたが、統率されつつも、統治される人たちは、それぞれが自分なりに「個」を持っていました。

それが、江戸時代後期になると、黒船の出現により、一気に呪縛度が上がりました。明治維新という、鎖国から開国の流れが、日本を大きく変えてしまいます。

歴史を遡《さかのぼ》ると、平安時代には、安倍晴明《あべのせいめい》など、悪いエネルギーを封印する陰陽師がいました。そもそも、日本人は、古来より、「八百万《やおよろず》の神」としての自然界すべての神を敬う、世界でも類を見ない民族ですから、江戸中期までは、目に見えないエネルギーに守られていました。

しかし、江戸後期になり、外国のうねりとして、西洋文化が入ってきたことで、日本人が信仰してきた神々が虐げられてしまいました。同時に、人々は呪いをかけられて、無力にさせられてしまったのです。

そして、もう一つの大きな呪いをかけたのは、戦後におけるGHQの洗脳です。「自由と平等」を掲げる民主主義は、一見、理想的で「良いもの」に感じられます。そのため、一気に広めることができ、より強固な呪縛を、多くの人にかけることができます。言葉は悪いですが、「国民総奴隷化」に最も適したシステムなのです。

共産主義も洗脳はできますが、民主主義によって人々に中流意識を植え付け、「自分たちは人並みに幸福」と思わせる方がずっとやりやすい。童話の「北風と太陽」と同じで、強風で、無理やりコートを剥ぎ取ろうとすれば、反発を招きますが、太陽で暖かく照らせば、旅人＝民衆は、操られていることも知らず、自分から勝手にコートを脱いでしまう。ですから、中国の呪縛度は、「20」で、日本は、「70」なのです。

日本は、超古代から、世界を救う国だと言われてきました。そのため、外国から狙い撃ちされ、徹底的に潰す制度ができたのです。

その事実を、日本人は皆、知らないといけないというメッセージが、「アソビノオオカミ」から、降りています。自分たちは、世界を導く資質を持った民族であり、それゆえに、いかに呪われ、呪縛をかけられてきたか、認識してくださぃ、と言っているのです。

今の日本人は、自分という「個」がないため、外の国に操られやすい状態です。そこが大きな問題で、政府も経済的有力者たちも、自分たちが呪縛を受けているとは思っていません。むしろ、個人レベルでは自分たちはイケているし、国としても、「まあまあ、平和で安全な国だから。このままでいい」と、思っているのです。周りに北朝鮮や中国、ロシアがいる中で、アメリカの操り人形になっていても、誰も何も言わないし、変えようともしません。このままでは、ますます厳しい状況になっていくでしょう。

実は呪縛度が低かった士農工商制度

そこを踏まえた上で、先ほど言った、明治維新と戦後、二度にわたって日本にかけられた呪いについて、具体的に解説していきましょう。

江戸時代は、皆さんもよく知っているように、士農工商の身分制度で成り立っていました。士農工商の下には、さらに下層の身分があり、平等な社会ではありませんでしたが、世の中は平和でした。

私が以前から言っているように、歴史上、平和な社会と平等な社会が、イコールだったことはありません。真の平等は、意識次元の高い状態によって生まれますが、3次元の世界が考える、意識次元の低い「平等」は、むしろ争いの火種を生んでしまいます。つまり、地球人類は、平和と平等を、同時に創造できないのです。それをまず、知っておいてください。

士農工商制度は、頂点に将軍がいて、その下には各藩の殿様、さらに下には、それぞれの身分の人たちがいて、各自、自分の役割が決まっていました。どれが善とか、どれが悪というわけではなく、皆が自分の身分を認識し、そこに存在価値を見出していたのです。

もちろん、中には、例えば、「自分は侍が良かった」と、考えた農民や商人、職人もいたでしょう。侍の中にも、「本当は職人になりたかった」「商売をやりたかった」と、出自に苦しんだ人もいたかもしれません。それぞれ、いろんな思いはあったでしょうが、そこも受け入れて、自分の役割はこうであると、自分の価値はこうであると、認識していた時代でした。

そして、士農工商の、さらに下の階級の人たちは、人々の不満を和らげる役割を担っていました。「自分たちよりも、下の人間がいるじゃないか」と、皆が認識するための、緩衝《かんしょう》役になっていたといえるでしょう。ですから、自分たちよりも、下がいない、下層の人たちは、一番つらかったと思います。でも、その人たちも、生まれた時から身分は決まっていますから、受け入れるしかなかったのです。貧しくても最低限の生活をしていけるよう、上からの救済措置もありました。そうやって社会が成り立つシステムが確立されていたので、下層階級の人たちも、定められた枠の中で、自分の価値を見出し、生きていたのが、江戸時代の前期、中期だったのです。

この、受け入れて生きる、ということが、非常に重要で、共産主義国家の中国が、日本よりはるかに呪縛度が低い理由は、そこにあります。彼らは、江戸時代の日本のように、上の人間が決めた「不平等な仕組み」を知っていますし、疑問も持っていますが、その上で、受け入れているのです。

呪縛とは、自分が洗脳され、呪いがかかっているのに、それをわかっていない状態です。これが、最も、タチが悪くて怖い、本当の呪いです。呪いを自覚していれば、解くために何とかしようとしますが、「人並みに幸せ」という呪いにかかっている人たちは、自分の状態が「良い」と思っていますから、解くという発想も出てこない。そこが、江戸時代の日本と、現代の日本の大きな違いです。

江戸時代は、将軍や殿様というトップに統制され、身分を決められ、その中で生かされている自分を受け入れ、納得して生きていました。つまり、束縛されていることをわかっていたので、呪縛はむしろなかったのです。

呪いの始まりとなった「黒船来航」

しかし、江戸時代の後期になると、状況は変わってきます。時代背景を順番にお話しすると、その時代は、イギリスの全盛期です。産業革命をうまく成功させて、世界のトップとなり、リードしていました。そして、当時のイギリスが目をつけたのは中国です。中国市場を狙って介入し、圧力をかけて、利益を独占しようとしていたわけです。

そこに、「いや、俺たちも負けていられない」と立ちふさがってきたのが、力をつけてきたアメリカでした。私の高次元リーディングによると、どうやら、アメリカは中国に進出し、利権を手に入れるため、日本を中継地、要は燃料や人材の補給地にしたかったようです。それが、ペリーによる黒船来航であり、開国を迫った理由で、数百年間も鎖国をして、独自の平和を保っていた日本に、アメリカが圧力をかけたというのが、明治維新の始まりなのです。

しかも、その頃は、徳川幕府が弱体化していた時代なので、外国の勢力に驚異を感じ、怯んだ幕府に対して、尊王攘夷《そんのうじょうい》運動が起こります。日本を守るため、尊王を掲げて朝廷と手を結び、開国を迫る他国を排他するという、攘夷思想が一気に盛んになりました。同時に、そういう動きを封じようとする、幕府の締め付けが強くなります。

その結果、締め付けの先鋒となった井伊直弼《いいなおすけ》を、尊王攘夷の志士たちが暗殺するという「桜田門外の変」など、皆さんもよく知っている、いろいろな事件が起こるわけですが、やはり外国の圧力には勝てない、武力では敵わないと察知します。そこで、幕府は天皇の許可を待たずに、アメリカと、「日米和親条約」と「日米修好通商条約」を締結してしまいました。

この条約は、日本にとって不利な内容であったため、一気に不満が爆発し、倒幕の気運が高まり、尊王攘夷派が、さらに強く開国にストップをかけようとします。そこには、もちろん、日本を守ろうという大義がありましたが、多くの下級武士たちは、開国によって現体制が崩れ、自分たちの藩がなくなってしまえば、収入源を失ってしまうという、現実的な問題を抱えていました。

そんなことになれば、生活ができなくなってしまうということで、幕府の方針に反対して、尊王攘夷を支持したのです。しかしながら、最終的には、アメリカやイギリスなどヨーロッパ列国の圧倒的な強さを見せつけられ、開国せざるを得なくなりました。そして、藩は撤廃されて県になり、３００年近く続いてきた、士農工商の身分制度は廃止となります。

中流意識を植え付けた明治の「資本主義」

そういった歴史の是非は、また別の話として、江戸時代は、殿様と将軍による江戸幕府に統率されながら、自分たちは自分たちの身分があり、その中で誇りや存在意義を持てた時代でした。言い方を換えると、個性がありました。江戸時代は、現代人が考えているよりも、ずっと自由で「個」が強く、そうなれた大きな理由の一つが、目に見えないものを重視していた時代だったからです。

安倍晴明がいた平安時代から受け継がれてきた陰陽師の教えもそうですが、江戸時代までは、表鬼門、裏鬼門によって街を造る風水の教えや占いなど、目に見えないものを畏怖し、敬い、高く評価していました。

幕府も、そこを抑圧しなかったので、風流やオツ、粋やワビサビといった、日本固有の表現が、社会の中で花開き、根付いていきました。独自の文化を育み、日本人としての「個」を持つように、日本ならではの信仰や思想、文化、個性を大切にしたのです。

また、この時代には、透視ができたという、有名な霊能力者もいました。中でも、有名なのは「長南年恵《おさなみとしえ》」という女性で、この人は、江戸時代の後期、１８６３年の生まれで、非常に能力があったのですが、明治になると、疑いの目を向けられてしまいます。その他にも、千里眼があったとされる、御船千鶴子《みふねちづこ》など、江戸時代まで認められていた、目に見えない力、いわゆる霊能力を持った人たちは、どんどん排斥されていきます。

そういう流れになっていったのは、開国によって、日本人の感覚が一気に切り替わったからです。開国以前にも、渋沢栄一など、尊王の志士と呼ばれる人たちは、ヨーロッパに留学して、日本が、欧米諸国に比べて、いろんな意味でいかに文明が遅れているか、考えさせられたわけですが、開国すると、一般の人たちの価値観も、ガラリと変えられてしまいます。

幕府の統治から、明治天皇が支配する時代になったことも、もちろん、大きな転換点でした。その頃は、天皇支配といっても、先ほど言った、「日米和親条約」や「日米修好通商条約」によって、アメリカから、かなりの圧力を受けていました。今の日本人が、同調圧力に弱く、強い呪縛を受けるようになってしまった要因の一つが、この不平等な条約のせいだというのは、誰もが知っている有名な話です。関税もアメリカに有利で、日本は完全に不利。そこに従わざるを得なくなり、アメリカの言いなりになってしまったのです。

また、アメリカは、貿易を有利に進めただけでなく、日本国民の意識に、江戸時代までは存在しなかった「平等」という思想を植え付け、あまり言い方はよくありませんが、奴隷化して、洗脳に成功しました。日本人は、士農工商という定められた階級の中で、それぞれが自分の身分に合った幸せを求める

「個」の意識を封じられ、皆が同じ幸せを求める、「平等思想」を植え付けられたのです。

例えば、江戸時代は、農民が、上級武士のような生活や幸せを求めることはありませんでした。そんなことは、あり得ない世界でしたし、やってはいけないタブーでした。比べたり、羨《うらや》んだりする発想もありませんでした。農民は農民の、商人は商人の、職人は職人の、幸せ、あるいは不幸せがある中で、より良い生活を目指し、個々の人生を送っていたのです。

でも、開国によって、憲法が変わり、アメリカの自由と平等の思想が入ってきたことで、価値観がひっくり返ってしまいました。「自分にも、チャンスが巡ってきた」と考えるようになり、江戸時代までは、身分相応、不相応という言葉がありましたが、明治以降、その言葉が持つ意味も、どんどん薄れていきました。

歴史的に見ても、そこは、現代の日本人に繋がる最も大きな起点で、アメリカ人は、新たな思想で日本人を上手に操ったのです。「私たちの言うことを聞けば、あなたたちも、私たちのように豊かになれますよ」と、「もっと裕福になったら、もっと幸せになれますよ」と、煽り、見せつけたわけです。

そのため、江戸時代までは、それぞれが、それぞれの世界で生き、それぞれの幸せを持っていたのに、満足できなくなってしまいました。皆が、周りと同じ幸せを追い求める、いわゆる「中流」の概念ができ、今の日本人の意識に根ざしている、中流意識層を形成する、土台が作られたのです。

もちろん、明治になっても、富裕層と貧困層はいました。しかし、アメリカに自分たちの知らなかった「豊かな世界」を見せつけられたことで、のし上がれるという意識が生まれたのです。そのベースになったのは、資本主義でした。封建主義だった時代から、いきなり、資本主義という概念が、躍り出たわけです。

江戸時代までは、お金を持っている者が幸せとは限りませんでした。一般の人には、「お金を儲けて、幸せになろう」という意識はなかったと思います。飛び抜けた才覚、才能で、立身出世してお金持ちになる商人などはいましたが、ほとんどの人は、今ある能力を磨くとか、絵を描くとか、娯楽を楽しむとか、日々の中で、目に見えないものに幸せの価値を見出す意識が強かったのです。しかし、資本主義で、幸せの基準は、目に見えるお金に、すり替わってしまいました。

ここが、重要なポイントであり、洗脳の始まりです。お金がなくても幸せを感じられた江戸時代から、お金を稼がないと幸せになれないという価値観が主流になったのは、開国をした明治時代です。この時代に、自分だけの幸せではなく、皆が平等の幸せを求める意識が生まれ、現代まで受け継がれてきた、「中流意識」が育まれました。同時に、資本主義という「国策」からはみ出せば、自分は、人並みの幸せからはじき出されてしまうという不安と恐怖が芽生え、それが、人々を動かす最も強い原動力になったのです。

江戸時代までは、ある程度、自分の地位も収入も幕府に守られ、その中で生きていれば、よほどのことがない限り、生活していくことができました。しかし、資本主義社会では、いつ、突然、落ちぶれるかもわからなくなったのです。「お金の時代」は、どんな人も、突然、失敗して無一文になる可能性を持っていますから、不安と恐怖が一気に増長します。これは、もう、マインドコントロール。洗脳に最も適した抜群の環境で、明治以降、人類の呪縛度が急激に上がったのです。

しかも、それは、言葉や圧政で強いる洗脳ではなく、潜在的な洗脳なので、とても巧妙で顕在化しにくい。そのため、日本人は、洗脳に気づかないまま、現代まで来てしまったのです。

医療の世界も洗脳の時代へ

明治時代、日本人に中流意識を植え付けた、お金の亡者にする「経済的洗脳」の他に、もう一つ、健康に関する「医学的な洗脳」もありました。そのきっかけが、西洋から入ってきた、ペニシリンなどの薬剤です。

江戸時代までの医療は、漢方薬や薬草や、祈りによる民間療法が主体でした。例えば、疫病を一つ採っても、江戸時代は、アマビエが出てきて悪霊を退散させるというように、見えないものを信じ、祈祷によって治そうとしました。祈ることで、「病気であっても大丈夫」と、病気を受け入れ、何となく安心していたわけです。

心の治療も、中には、悪霊払いなどの怪しげなものもありましたが、今よりも、ずっと、心のケアができていた時代で、人々は、人には寿命があり、死ぬのは自然の摂理だと考えていました。ですから、病気になるのは仕方がないことであり、受け入れた上で、治るか治らないかは天に任せるといいますか。仏や神に委ねるというところが、強くありました。

そのように考えるベースができていたのは、病気の原因が、目に見えないものだったからでしょう。先祖の祟りだとか、悪霊の仕業というものもありましたが、そういったものも全部含めて、目に見えないものが原因と考えていたので、むしろ、恐れていなかったのです。なる時はなるし、ならない時はならない、と諦めるしかなく、諦めることで、達観し、病気も死も穏やかに受け入れることができたのです。

病気の原因が、外的要因とされたのは、開国以降、明治時代からです。西洋の医学が入ってきて、病気の原因は、目に見えないものから、目に見える外敵になり、それをペニシリンなどの薬で叩く、抑えるという考えが、医学の主流になりました。

「敵」の存在が見えてしまうと、今度は、自分が、いつ、どこで、恐ろしい外敵に襲われないか、常に不安を抱えるようになります。パンデミックの感染症も、感染源のウィルスや細菌を恐れ、罹患《りかん》に怯える集合意識が膨らみ、引き起こされるのです。

その不安と恐怖に国が巧みに介入して、「これはきちんと予防しないと、病気になって死んでしまうよ」とか、「我々の言うことを聞かないと重症化するが、言うことを聞けば、感染しても軽症ですむよ」と、現代と同じやり方でコントロールしだしたのが、明治以降のタイミングなのです。

そのため、人々は、より一層、病気を恐れるようになりましたが、それは、現代の医療の世界も同じです。コロナ禍では、医療従事者も、政府の言うことを丸呑みし、「はいはい」と政府の言うことを聞いていた医者は、サポートされ、金銭的にも潤いました。「我々の言うことを聞けば守るけど、聞かなければ排除するぞ」、という、政府の医療方針が、国民の呪縛システムを作り上げたのです。一方、私は、言うことを聞かなかったので、保護されるどころか、すごいダメージでした（笑）。政府によるコロナの対策について、「人間への冒涜だ、呪いだ」と、ＹｏｕＴｕｂｅで言いすぎたら、全部ＢＡＮされましたし、遠方から来る患者さんも激減して、コロナのせいで大損したのは、医者の中では、おそらく、私くらいでしょう。

明治時代、アメリカを筆頭とする当時の先進国が、そこまで日本を洗脳しようとしたのは、日本の勢力を恐れたためでした。日本人を、不安と恐怖で脅かし、「自分たちの言うことを聞いていないと、とんでもないことになるぞ」と圧力をかけて、弱らせたかったのです。その思惑は、ある程度うまくいき、結果、世界は戦争になり、第二次大戦で日本は負けてしまいます。そして、奴隷化憲法とも言える新たな憲法を強いて、徹底的に洗脳し直されてしまった。その蓄積が、現代の日本です。

呪いの始まりは明治時代、呪いをかけたのは当時のアメリカと、ヨーロッパの列強諸国です。さらに、その後に台頭した、ロックフェラーなど外国の金融資本勢力も、日本を潰す一端を担い、江戸時代中期まで洗脳度が低かった日本が、急激に呪縛されてしまったのです。

そういった自分たちの歴史をしっかり知ってください、と、私をとおして、「アソビノオオカミ」は言っているのです。

これまでの歴史が、現在の状況を作り上げています。士農工商によって終身雇用制が守られていた江戸時代と違い、今は、いつ、目の前の仕事がなくなるか、常に気が抜けません。そんな、明日をもわからない状況の中で生きるには、社会の枠にはまり、社会の言うことを聞いて、お金をもらえるようにしないと自分は生きていけないと、思い込まされています。

江戸時代は、雇い主の言うことさえ聞いていれば、多少、変な人間でも、はじき出されることなく生きていけるという、おおらかさと余裕がありましたが、今は許されません。社会の中では、「良い人」でいなくてはいけないし、「あいつは変わり者」とレッテルを貼られると、どこも雇ってくれない。そういった閉塞感のある、息苦しい状況が、呪縛にかかりやすい土壌を作り、社会に縛られた洗脳人間を作ってきました。

「神風」を最も恐れたマッカーサー

世界における日本の立場も、同様で、日本は、世界各国の中で、「良い国」とされていますが、それは、何でも言うことを聞く民族、つまり、圧力がかけやすい国ということです。前述したとおり、世界列強からの圧力、洗脳が強烈に始まったのは、明治維新のタイミングです。この時期から、社会に従っていれば、飛び抜けた幸せではなくとも、人並みに幸せになるという謳《うた》い文句で、日本人を意のままにして、コントロール下に置いてきました。

でも、私が、「アソビノオオカミ」のエネルギーを受けながら感じるのは、第二次大戦で敗戦するまでは、日本人は、まだ、霊的能力が高かったということ。明治維新でだいぶ下がりましたが、それでも、戦前は、天皇陛下の力もあり、日本国自体の霊的能力は保たれていました。

そこをしっかり調査したのが、マッカーサーで、彼は日本の霊的能力にすごく興味があり、日本軍はどうしてこんなに強かったのかを研究しました。実際、戦時中は、「神風《かみかぜ》が吹く」と言われましたが、何百万人もの日本人がそれを信じ、霊的存在の応援を得たことで、本当に風神雷神のように、神風は吹いたのです。

その強さを、目の当たりにしたアメリカ特にマッカーサーは、日本の霊的能力に注目し、日本をコントロールすることで、日本の霊的能力を獲得しようとしたのです。

戦後、マッカーサーが、日本に来てまずやったことは、ＧＨＱによる全国の神社の「視察」であり、全神社を管理下に置くことでした。これは、すごく重要なことで、神という存在は、それを信じる集合意識の頂点です。そして、神社に祀られる神があり、神社を信仰している人たちの意識が集中する場が、神社なのです。

その神社を、マッカーサーが管理、コントロールし、抑圧して封印するということは、神を慕う人たちすべてに呪いをかけ、呪縛するのと同じことでした。そうやって、神社を抑えることによって、そこに関わる人たち全部を管理下に置き、自分たちのエネルギー源にしました。実に巧妙です。

アメリカがそこまでやったのは、自分たちの国の歴史が浅く、霊的能力が低いと知っていたからです。当時、アメリカは産業大国だったイギリスにとって代わり、世界のトップでしたが、霊的能力だけは弱かった。そこで、他の歴史あるヨーロッパ諸国に対抗するため、日本のエネルギーを自分たちのものにしたかったのです。現在も、日本は、アメリカからその霊的影響と支配を受けています。よく「生霊」がつくと言いますが、アメリカが放っている霊的エネルギーはこのレベルで、次元的には高くないのですが、彼らは、国家レベルなので、日本人は、もろに受けてしまい、対抗できていませんでした。

しかも、バブル時代、日本が、エンパイアステートビルを三菱地所が買い取ったりしたことで、アメリカ人は、余計、日本人に恨みを持ちました。「お金さえあれば、何でもできる」という資本主義精神は、元々アメリカが植え付けたものですが、戦後、日本の高度成長期の勢いは凄まじく、洗脳した相手に自分たちが乗っ取られそうになり、危機感を持ったのです。そして、「これはいかん」と、さらに、洗脳し、呪いをかけて、日本人を奴隷化しようとしています。その結果が、コロナ騒動による、この3年間の現状といえるでしょう。

イギリスの霊体は日本を「祝縛」している

アメリカ以外のヨーロッパ列国も、また、霊的能力で、今の日本に影響を及ぼしています。

ここからは、さらに霊的な深い話になるのですが、日本をコントロールしているのは、現在のイギリスでもフランスでも、ロシアでもドイツでもない。今、存在している国たちはどの列強大国も、日本に対して、それほど強い霊的影響を与えていません。どういうことかというと、生きている人たちのエネルギーではなく、過去の、すでに死んでいる人たちの霊的エネルギー、つまり、かつて世界を席巻していた、ヨーロッパの霊体軍団が日本に影響を与えていると、「アソビノオオカミ」は伝えています。

その筆頭になっているのが、イギリスです。でも、現在のイギリスではありません。ヨーロッパから霊的な影響が日本に降りているというので、最初、私は、イギリスかなと思ってリーディングしたのですが、霊的な影響はまったく感じませんでした。「あれ？」と思って、他のヨーロッパの国を読んでも、どこにも、日本に影響を及ぼすほどの、エネルギーを感じませんでした。

しかし、さらに深く読んでいくと、日本全体に、目に見えないエネルギーがかかっている。これは何だろうと思って見たら、私もびっくりしたのですが、そのエネルギーの正体は、明治以前の、ヨーロッパが列強だった時代のイギリスの人たちの霊体で、そのエネルギーがまだ相当強く残っていることがわかりました。アメリカが日本に与え続けている霊的影響は、今生きている人たちが送っている〝生〟のエネルギーですが、イギリスから来る霊的影響は、明治維新前の、彼らが世界で一番だった時代のもの。それが、今の日本に大きく関わっているのです。

ただ、イギリスの霊体は、日本に悪い影響を及ぼしてはいません。最初、私は、その霊的エネルギーを感じた時、ネガティブなものだと思いました。彼らの霊体エネルギーは強いけれど、次元的には低い霊体で、霊的能力が高い日本に脅威を感じ、圧力をかけて呪縛をかけているのだと、感じたのです。しかし、松果体を活性化させ、降りてきた高次元の情報によると、実は、ポジティブなエネルギーだとわかりました。

高次元のリーディングによると、イギリスの霊体たちは、明治維新前の日本の先霊たちを、とても敬っています。かつては敵同士でしたが、あの頃の日本人は、誇りを持って命をかけ、自分たちと戦っていた、それこそが、日本人だと、同じ戦友として讃えています。だからこそ、本来の霊的能力を封印され、個性を失くしてしまった、今の日本人を見て嘆き、応援しようと霊的エネルギーを送っています。そして、日本を抑圧しようとしている、アメリカのエネルギーを何とか外そうと、サポートしてくれているのです。

ですから、イギリスの精霊たちによる霊的影響も、一種の「呪縛」ではありますが、そこに、日本を弱らせようというネガティブな思いはありません。むしろ、助けようというポジティブな思いで、呪いではなく祝い、「祝縛《しゅくばく》」です。

これは、私が新しく作った言葉ですが、霊的エネルギーには、「呪縛」と「祝縛」があって、日本を洗脳し、自分たちのコントロール下に置こうとする、アメリカのエネルギーは、呪縛。逆に、「個」を失くした今の日本人を嘆き、自分たちと戦った頃の気概のある、魂を持った日本人を取り戻すため、力を貸そうとするエネルギーは、「祝縛」なのです。

2023年、私は、イギリスにエネルギーを開きに行きますが、日本をサポートしている、過去のイギリス人の霊体を、全部、癒してこようと思っています。彼らの心の傷と悲しみ、怒りを癒して、霊性を上げることで、「祝縛」をもっと受けられるようになれば、日本の呪縛も、より解きやすくなります。そのためのエネルギー開きが、私ドクタードルフィンのイギリスでの仕事になるでしょう。

霊的次元でも霊体が日本人を見守っている

現在の日本に影響しているのは、外国の霊体だけではありません。過去の日本人の霊も、また、洗脳される前の良き日本、良い意識と魂を持った日本人の霊性を取り戻すよう、サポートしています。中でも、一番、今の日本人、彼らにとっては未来人になりますが、現代人に関心を持っているのは、明治維新前の江戸時代の日本人の霊と、昭和の戦争時代の英霊たちです。彼らは、日本人が洗脳から目醒め、自分たちが持っていた誇りを取り戻して欲しいと、ずっと応援しています。

一方、明治、大正時代の日本人の霊たちは、今の日本人にあまり関心がないことが、私のリーディングでわかりました。なぜかというと、その時期は、洋風文化を礼賛し、世界に追いつき追い越せと、必死になり、日本人が、〝外国かぶれ〟していた時代だからです。つまり、日本に誇りを持てなくなってしまった時期の霊なので、今の日本にも、それほど思い入れがないようです。ただ、彼らも、日本に奉仕したいとは思っています。時代によって、関心度やサポート力はそれぞれ違いますが、過去の日本人の霊たちが、今の日本人を守ろうとしてくれているのは間違いないでしょう。

さらに、一つ面白い話をすると、イギリスを筆頭とする、過去のヨーロッパの霊体軍団と、今のアメリカの霊体軍団も、また、戦っています。我々には見えない次元で霊体同士が争っており、現在、生者の世界では、ヨーロッパ各国は弱っていますが、霊体の世界では、まだ、ヨーロッパ勢が強いようです。アメリカは歴史がありませんから、霊体レベルになると、どうしても弱いのです。実際、アメリカの〝生〟のエネルギーより、ヨーロッパ列国の霊体の方がエネルギーレベルは高いのです。

ですから、今のアメリカは、ちょっと揺れ動いてしまっている。ここしばらく、安定しない状況が続いているのは、そのせいでしょう。現在の〝生〟のイギリスは、おとなしく何もできませんが、過去の霊体たちの呪縛によって、アメリカを揺さぶっています。でも、アメリカはそれをわかっていません。

また、アメリカに対する、ロシアの霊的呪縛も強いです。両国は、現在、戦争こそやっていませんが、ロシアがまだソ連だった冷戦時代に主役だった人たちが、呪縛をかけています。アメリカは、イギリスとロシアの両方から、霊的な影響を受けており、今生きているアメリカ人たちが、相当、頑張って強くならないと、エネルギーレベルはさらに下がってしまうでしょう。

前述したように、アメリカは、国の歴史が浅いため、霊的エネルギーが弱いという弱点を自覚していました。わかっているからこそ、日本の霊的能力を自分たちに活かしたかったのです。江戸時代に開国を迫ったのも、第二次大戦後、GHQによって日本を骨抜きにしたのも、目的はそこです。自分たちの霊的エネルギーを上げて、ヨーロッパ列強に対抗するため、日本の霊的能力を利用したかったのです。

一方、現在のイギリスも、また、自分たちの良さを失っています。すっかり、腑抜けになっていると言ってもいいでしょう。

私は、今、イギリス人の先生から英語のレッスンを受けていますが、先生は80年代後半の「良きイギリス」を知っている年代なので、「今のイギリス人はダメだ」「自分の国に、誇りもない」と、嘆いています。ロイヤルファミリーも、不倫や王室離脱騒動で揺れて支持率が下がり、英国民は、プライドを失っている状態ですから、いろんな面で本来の良さをなくし、エネルギー的には危機的状況です。

一方、明治維新前の、列強だった頃のイギリス人は、誇り高く、プライドがありました。プライドが高すぎる面もありましたが、今も、強いエネルギーを持っており、アメリカを揺さぶっています。

ちなみに、意外かもしれませんが、お隣の国、中国と韓国から、日本への呪縛はありません。現世の視点で見ると、政治的関係性や社会情勢は、依然、緊張状態が続いており、中国や韓国が日本を妬んでいるという側面もありますが、私がリーディングしたところ、霊的な影響はそれほど受けていません。アメリカの呪縛やイギリスの過去の霊体の方が、ずっと強く日本に影響を及ぼしています。

このように、今の地球の世界各国の力関係は、目に見えるところだけでは、読めません。どことどこが戦い、どこのエネルギーが強く、どこから日本に呪縛がかかっているのか、表面的な世界を見ているだけではわからないのです。

資本主義と社会主義のどちらが「善」でどちらが「悪」か、という3次元的な捉え方も、高次元の視点ではまったく意味がありません。そもそも、資本主義VS社会主義と、二極化するのは極端すぎます。どちらも、一長一短ある話ですから、善悪で捉えると、両方とも本質がつかめなくなります。資本主義のいいところと社会主義のいいところを混ぜれば、一番良くなるのですが、なかなか簡単にいかないのが、3次元の意識で生きる地球人類の現状でしょう。

世の中にはびこっている「陰謀論」ですが、これも、「善」と「悪」というものに心が取り憑かれている世界であり、この3次元における「遊び」にすぎません。「陰謀論」で世の中が良くなることは決してないのです。

その意味では、この「陰謀論」も呪縛である、といえるでしょう。

第3章

同調圧力から離れ「個」の世界を目指す

高次元の「フラット」と3次元の「平等」は別物

今後は、頂点に立つ支配層がいて、そこから下に向かって段階的に広がっていくという、ピラミッド的な構造の時代は終わります。そして、一人一人が、「個」の自分を確立し、全体を統率する者はいなくなるという、「フラットな世界」になっていきます。

ただ、ここで、間違ってはいけないのが、私がここで言っている「フラット」と、3次元的な視点で捉えた「平等」は、まったく異なるということです。人種差別をなくすとか、格差のない社会とか、地球人類が唱える「平等」は、まったく別物です。そこを混同すると危険なので、しっかり違いを理解しておいてください。

「アソビノオオカミ」の高次元意識による「フラット」は、宇宙から地球を眺めた時、まったく違う色、まったく違う形、まったく違う性質のピースの一つ一つが、それぞれ、あるがままの状態で輝いて存在し、美しいジグソーパズルを描いているイメージです。綺麗なパズルを完成させるために、青いピースを黄色にしたり、丸いピースを四角に変形させたり、元の形や色を変えることはありません。全部が違ったままバラバラなのに、互いが噛み合い、融合し、美しい一つのジグソーパズルを創り出している。そんな世界は、あり得ないと思うかもしれませんが、実現できるのが、高次元視点の、真に自由な「フラットワールド」です。

一方、３次元的の世界では、平等な状態というと、すべてが同じ色、同じ形の世界をイメージします。平等にするためには、無理やりにでも、色と形を変えて、揃えなくてはいけないという発想になるのです。

それは、融合ではなく統合です。個性を失くし、他人の言うことを聞いて、他人と同じにしようという、強い同調圧力です。そこから少しでもはみ出し、違う色や形になることは許されません。矯正された、がんじがらめの状態で、まさに、画一化とフラットを履き違えている、今の日本の状態です。

自著『至高神　大宇宙大和神の守護　破壊から創造へ』（青林堂）でも記しましたが、２０２２年、私は、某観光地の駅前にある喫茶店に入ると、いきなり、男性店員に、「マスクをしてください！」と、他のお客さんがいる前で怒鳴られました。マスクを着けていないだけで、もう、異星人扱いです。皆と同じでなければ受け入れない、許さないという、フラットとは程遠い呪縛社会を、象徴的に表した出来事と言えるでしょう。

これが、もし、組織なら、従業員は、組織の色に染まり、組織の言うとおり動く奴隷になっていくでしょう。しかし、大企業であればあるほど、トップの意識が反映されますから、トップの意識が高ければ従業員の意識が低くても、全体が引き上がっていくことになります。逆に、トップの意識が低ければ、従業員もどんどん低い次元に下がっていきます。そこで、洗脳されて、もがき、アンハッピーになっていきます。しかしながら、高次元的なフラットの世界の中では、意識次元の低い企業は、消えていくでしょう。時代から排他され、高い次元の企業だけが残り、さらに新しく生まれ変わっていくでしょう。

今は、まだ、過渡期で、トップの意識次元が低い会社が残っていますが、ここ20年か30年で、ガラッと社会は変わり、なくなっていきます。今の若者の将来も、社会の変化によって変わるのです。就職先を選ぶ時、社名やブランド力、給与の額だけでなく、数10年後、この会社は潰れているのか、成長しているのか、意識次元で見通す選択眼が必要になってくるのです。その時に、まだ、誰かにコントロールされている存在のままでは、取り残されてしまいます。変化に合わせて、古い意識次元から、抜け出さないといけないのです。

人類進化の鍵は羊が持つ「PUA遺伝子」

ここまで、日本人の洗脳度が、世界の中で、いかに高いか解説をしてきました。日本人を呪縛、もしくは祝縛してきた、アメリカやヨーロッパ列強国の歴史的背景も、わかったと思います。

これらの呪縛は、皆、「低い霊的意識」がやっていることです。低い霊的意識とは、4次元、5次元ぐらいの意識で、3次元よりは次元意識は高いですが、自分たちがいい思いをするために、大多数の地球人類を奴隷にして、支配しようとしている意識です。その「低い霊的意識」を、日本人は、もろに受けて洗脳されています。

なぜ、日本人なのかというと、古代の旧約聖書に書かれた予言やホピの予言などで、日本人が世界を変えるリーダーになると、約束されているからです。それは、ずっと言われてきたことで、低い霊的意識にも、その情報が入っているため、「日本人を一番潰しておかないと、ダメだ」ということになったのです。ですから、まさに、狙い撃ちです。そのせいで、世界平均の呪縛度が「1」なのに、日本は、70倍の「70」になってしまいました。

しかし、世界のリーダーであるべき日本が自らの呪縛を解いて、洗脳から目醒めないと、世界も目醒めません。日本が、封印されていると、世界も封印されたままになってしまうのです。日本が、世界を変える鍵なのです。

私は、２０２３年春、羊について書いた著作を1冊出しました。『羊（人類超進化の鍵〝シープリン〟と〝ＰＵＡ遺伝子〟）』（ヒカルランド）という本です。その本の中で述べているように、羊は、「シープリン」という科学物質を持っており、「シープリン」は、宇宙と繋がる能力を持つＰＵＡ（プア）遺伝子を覚醒させます。そのＰＵＡ遺伝子を持っているのは、地球上では、日本人だけで、このことは、世界人類を導くリーダーになる素質があることを意味します。この事実は、私が高次元エネルギーリーディングをしてわかったことで、どの科学者も知りません。しかし、前述した「低い霊的意識」はわかっており、日本人の中のＰＵＡ遺伝子を目醒めさせないよう、洗脳し、ずっと封印をしてきたのです。

羊は、人類進化の鍵なのです。ですから、私は、ＰＵＡ遺伝子を目醒めさせるため、日本人に、羊をどんどん食べなさい、と、言っています。朝昼晩、食べてもいいぐらいです。先日も、自著『羊（人類超進化の鍵〝シープリン〟と〝ＰＵＡ遺伝子〟）』（ヒカルランド）の出版記念イベントがあって、私は、羊肉を昼と夜にたくさん食べました。

しかし、羊肉を、鶏肉や豚肉、牛肉のように、日常的に食す習慣が、日本では、全国的に定着していません。そうさせないようにしてきた勢力があるからなのですが、これからは、羊肉をもっと食べるようになっていくでしょう。

日本人は、今も狙い撃ちをされて、ＰＵＡ遺伝子が眠ったままにされています。本書は、それを目醒めさせ、日本人を開いていくための本です。本書をとおして、「これまでの、こう在るべきという呪縛を外しなさい」というメッセージを、「アソビノオオカミ」は送っています。そこを知っておいてもらわないと、これからする話がわからなくなるので、しっかり頭に入れておいてください。

現在の日本人のほとんどは、家族や友人、仕事など、今、目の前にあるものがなくなると、「幸せでない」と感じてしまいます。「今あるもの」は、誰にとっても、あって当然だと思っているので、それがなくなり、人と同じでなくなった瞬間、いきなり、足元がぐらつき、落ちてしまう。それぐらい、今の日本人は、脆く弱い状態ですから、世の中が大きく変わった途端、生きられなくなります。

呪縛がかかった人の多くは、当たり前が当たり前でなくなると、適応できず、ガクンと幸せ度が下がって、「こんなはずじゃなかった！」と、絶望を感じるのです。そこから、這い上がってくるのは非常に難しいでしょう。その時に、後悔しても遅いのです。

私の講演会に毎回参加している、ファンの中にも、本質がわかっていない方は結構います。本当にわかっているのは、１００人中、数人ぐらいでしょうか。

いくら講演会で話を聞き、私の本を読んでも、そこから離れて、日常生活を送り、家族や友人、メディアに接していると、低い次元意識に引っ張られ、元に戻ってしまうのです。そのループをずっと繰り返しているので、いつまでも洗脳が解けません。

居心地の悪いことや違和感は、宇宙や高次元の自分と繋がっていないサインです。でも、家族や友だち、社会に変に思われたくないから、どんなに心地が悪くても、洗脳から抜け出る一歩が踏み出せない。それぐらい、日本人の呪縛度は強固です。私の力でも洗脳が解けない人がたくさんいるため、「アソビノオオカミ」の力を借りて、呪縛を解く段階に入ったことを、本書で皆さんに伝えています。

目醒めている人を相手にする本なら、「日本人はすごいから、これでいい」と書けますが、ほとんどの人は、洗脳され、呪縛にかかっている現状に気づいていないので、優しいことばかり言っていられません。

ここからは、どのように呪縛を解いていけばいいのか、どのように時代は変わっていくのか、詳しく説明していきましょう。

次元が上がると「個」の幸せを求め始める

今後、地球は、「個」が強化される時代に移行していきます。

以前から、私は、過去の著作やＳＮＳなどで、超古代レムリア文明の繁栄をもたらした、「愛と調和」のエネルギーが、少しずつ上がってきていると言ってきました。ここで言う「愛」とは、あるがままの自分を無条件で受け入れ、すべての事象、対象を受け入れ、良しとする無償の愛です。一人一人が、その「愛」の状態になると、何に頼らずとも、自然と調和が生まれ、互いが進化していく。それが、レムリアの「愛」であり、家族愛とか恋愛とか、３次元的な愛とは、次元の違うエネルギーです。

「愛」のエネルギーが上がってくると、これまで、家族や友だちがいることで安心し、幸せを感じていた感覚が変わっていきます。家族や友だちといると、逆に居心地が悪くなり、幸せな状態を作りにくくなっていきます。私が、まさに、そうです（笑）。

別に、家族や友だちがいると幸せになれないと、言っているわけではありません。家族や友だちがいるから幸せ、いなくなったら不幸せという、偏った先入観や欠落感がなくなるだけです。そして、周りに誰がいてもいなくても、それぞれが、「個」として満たされ、幸せを創る時代になっていくのです。そうなっても、まだ、家族や友だち、社会に頼り、しがみついて生きていこうとする人間は、時代の変化とともに、ふるい落とされていくでしょう。

「愛と調和」の時代に移行していくと、心にもないお世辞を言ったり、ごまかしたり、自分を抑えつけてまで、周りの人を繋ぎ留めておく必要もなくなります。今は、正直になってしまうと、皆が離れてしまうので、家族にすら、本当の顔を見せられないという人もいるでしょう。でも、もう、そんな表面的なコミュニケーションは不要となり、むしろ、邪魔になっていきます。

「愛」の状態に近づけば近づくほど、魂の意識と脳の意識の融合が進み、脳を介在する、３次元的な意識の乖離が少なくなります。平たく言うと、いわゆる本音と建前という裏表のギャップがなくなる状態です。

そうなると、思うがまま、正直に、ストレートに表現することが本質となり、本質から外れた状態でいること、嘘やお世辞を言ったり、自分を偽ったりすることが苦痛になっていきます。また、正直に生きていない相手と一緒にいると、喧嘩になって疲れるだけなので、自然と離れていくでしょう。

魂は、本来、楽で愉しいことを求めています。でも、３次元的な視点で生きている人たちは、人と同じでいたいがため、無理をします。人並みでいる自分に安心するため、我慢をしてまで好かれる努力をして、友だちを作り、家族の中でも、仮面を被って過ごしています。

自分の本質が出てくるようになると、そんな状態にどんどん疲れていきます。今までは、誰かと一緒にいることで互いに安心していましたが、仮面を被ってまで一緒にいることがつらくなり、「個」を大事にしたくなります。

今は、家族でも夫婦でも友だちでも、「あなたと私は同じ」と、できるだけ同じ価値観を共有し、同じような幸せを求めることが、親密な関係になるための条件だと思っている人も多いでしょう。互いのズレを埋めるため、自分を偽る「努力」をしている人もいると思います。でも、これからは、嘘や偽りはなくなり、「これが私の幸せ、それはあなたの幸せ」と、「個」の幸せ感を、最優先するようになります。それぞれが、別々の幸せを求め、別々のことを言い出すようになるので、無理に寄り添う必要もなくなるのです。

これは、まさに、宇宙人の在り方です。高次元の宇宙人は、寄り添いたい時に寄り添い、一人でいたければ、好きなだけ一人でいる。必要もないのに、ベタベタしたり、どうでもいいことでは集まりません。「人前の自分」と「本当の自分」といった裏表もないので、周りに合わせて、仮面を被るという発想もしません。誰もが、あるがまま存在し、互いを尊重しているのです。

今後は、地球上のエネルギー問題も、大きく変化する時代が来ます。過去に何度も言ってきましたが、鍵となるのは、無の状態からエネルギーを生み出すフリーエネルギーの実現化で、人間は、今、食糧やインフラ、燃料まで、目に見えるエネルギーを消費して生きていますが、人類の次元意識が上がり、フリーエネルギーを使えるようになれば、社会や意識の在り方が、激変するでしょう。

どう、変わるかというと、これまでは、家族や友人、社会のサポートを受けないと生きていけなかったのですが、フリーエネルギーの時代になれば、自分で自分を創っていける人生になるのです。その変化は非常に大きいのです。そういう時代に、家族や友だちとべったりしていると、幸せが逆に破壊されてしまうので、「人は寄り添わないといけない」という呪縛を解きなさいと、「アソビノオオカミ」は、繰り返し、警告しているのです。

未だに、多くの自己啓発本では、「友だちを裏切らない」とか、「誰にでも平等に優しくする」といったことが書かれています。こういうものを見ると、私は、意識次元の低いことを、いつまで言っているのかとうんざりします。

しかし、そういう当たり前のこと、「嘘をつかない」とか「人に優しくしなさい」とか、子供の頃から誰もが教わってきたことを書いた本の方が売れるのも、日本の現状で、それは、洗脳され、呪縛を受けているせいです。呪縛されていると、より呪縛を強める内容を好むので、呪縛を緩めるような言葉には拒絶反応が出てしまいます。オープンな心になれず、ぶっ飛んでいる私の言葉は理解不能で、私には、とても着いてこられないでしょう。でも、これからは、私に着いてこないと、生きていけない時代になるのです。

20代の80%は将来に夢も希望もない

「個」を大事にする人は、より、高次元の宇宙エネルギーと繋がりやすくなり、意識次元が上がります。そういう意味でも、私は、まず、呪縛にかかっていることを知ること、そして、呪いを解く必要性を説いているわけです。

呪いという言葉を聞くと、おどろおどろしく、恐ろしいもののように思えますが、私から見ると、日本人の生きている日常が、まさに呪いです。それを呪いと認識してないことこそ、本当に怖い呪い。この呪いを、社会やメディアによる同調圧力と言い換えてもいいでしょう。

前述したように、日本人として生まれてくる魂は、世界を導く可能性を持っています。しかし、生まれた直後から、家族や社会に洗脳され、ダメになってしまうのです。2〜3歳までは、大人が見えないものが見え、聞こえない声を聞ける予知能力を持った子がたくさんいますが、洗脳をかける親や学校、社会に潰されてしまいます。

レインボーチルドレンという、地球の次元を上昇させる使命を持って生まれてきた子供たちも、残念なことに、洗脳によってグレーチルドレン（灰色の子供）にさせられてしまいます。せっかく、特別な魂を持っているのに、成長するにつれて、多くの若者や中高年のように、みんなでマスクを着けて外を歩く、「人並み」の人間になってしまうのです。

仮に、レインボーチルドレンとして潰されず成長したとしても、今度は社会に適合しない変わり者として、扱われることになります。中には、差別されて精神が病み、不登校や引きこもりになってしまう人もいるでしょう。これは、「皆と同じもの」が正しいとされ、同じものでないものは排除する、社会のせいです。

そんな社会を作り出しているのは、誰でもない、洗脳された日本人たちであり、その現状を、「アソビノオオカミ」は叱っています。「アソビノオオカミ」

は、本来、見守るだけの役割で、地球に干渉しませんが、叱らざるを得ないほど、多くの日本人の次元意識は下がっており、その自覚もありません。地球規模で日々状況は厳しくなっているのに、「今のままでいい」と、日本人だけが、思考ストップに陥っていることを嘆いているのです。

２０２２年、日本は、年間出生数が80万人を切りました。岸田総理大臣が「異次元の少子化対策」を打ち出すと言っていますが、今の世の中で子供を産んでも、夢と希望は見えません。いくら政府が援助金を出しても、育児休業制度を見直しても、育てる親の意識は変わらないでしょう。若者が明るい未来を感じられない社会のままでは、出生数が増えるわけもなく、出生数は減り続けるだけです。

夢と希望を抱けないのは、呪縛度が高いからです。皆と同じ人並みの幸せを求め、同じような水準の生活を送ることが、幸せの価値観になっている社会では、おのずと、先が見えてしまいます。どういう成人になり、どの程度の生活をし、老後を迎え、どういうふうに死んでいくのか。先々までわかってしまう人生に、夢や希望を持てるはずがありません。

かつては、いい大学に行き、いい会社に入って、いい地位につけば、幸せになれる……といった、立身出世の理想パターンがありました。でも、今はそれも薄くなってきて、中程度の大学へ行き、中程度の会社に入り、収入も中程度、とりあえず、失敗しない程度に、人並みで生きていければいいという人がほとんどです。20歳代の80%は、将来に対して夢と希望がなく、30歳代40歳代も、70%は、「皆と同じでいい」と思っています。

日本を動かす主役世代の大多数が、「平均であればいい」、と望んでいる日本人。これが、呪縛にかかった結果の、日本の実状です。特に、20歳代30歳代40歳代は、周りに同調しやすく、操り人形になりやすい世代で、社会の圧を受け、リスクを負ってまで変わりたいとは思っていません。今の生活を持続できるなら、進んで何でも言うことを聞く、最も呪いの強い層と言えるでしょう。そのため、呪いが増長されるような本しか読まないし、メディアからの情報も、呪いがさらに深くかかるようなことしか受け入れません。

固定観念を補強する情報だけをインプットしていく偏った傾向は、世の中のデータ化の影響も大きいでしょう。あらゆることがデータ化されるため、それ以外の、デジタルで測れないものや目に見えないもの、想定外のものは、どんどん削除されていく。医学教育も、私が医学部にいた1980年代から90年代でさえ、データや画像重視でした。今は、遺伝子やDNAレベルの解析が進み、高度な検査器械ができて、より高度なデータが得られるようになったことで、さらにデータ重視になっているのではないでしょうか。そんな、現在の医学部教育の世界で、私のような発言をしたら、停学か退学になるかもしれません。

孤独を愛せば呪縛は解けていく

呪縛の話に戻りますが、いかに日本人が呪いにかかっているかは、例えば、コンサート会場などに行くと、よくわかります。何万、何千人の人だかりの中で、自分の友だちとだけ、わーわー騒いで、それ以外には無関心です。自分たちの狭い世界にしか興味がないのです。しかし、一方で、不特定多数の世間から、どう見られるかはすごく重視します。自分の世界にしか関心がないのに、人にどう思われるか、変に思われていないか、周囲から浮いていないか、他者の目に映る「自分」が、すべての基準になっています。

こういう人たちは、束縛が取れにくいでしょう。視野が狭く、自主性もないですから、自分が呪縛にかかっているなんて、これっぽっちも感じていません。自分自身も含め、自分を取り巻く世界は、常に平和で、このまま変わらないと、当たり前のように思っています。しかし、今後、世界はとても危うくなるので、今こそ、「本当の自分」に目を向けなくてはいけません。洗脳から目醒め、呪縛にかかっていることを、自覚しなくてはいけないのです。

どのように世界が危うくなるかというと、まず、今まで大事にしてきたものが大事でなくなり、価値観がガラリと変わっていきます。これまで、しがみついてきたものを、手放す勇気が必要になってくるのです。でも、今のままでは手放すことはできません。自分が正しく、すべて正解で、そんな自分が幸せと認識している限り、何もできないまま、新しい世界では潰されてしまいます。しかし、平均すると、日本人の70％が呪いにかかった「呪縛人」なので、変化の兆しはなかなか見えてきません。

ＹｏｕＴｕｂｅなどでは、３次元の地球レベルで捉えた「陰謀論」がよく語られています。世界の闇や宇宙論など、さまざまな説を、さまざまな人が語っており、陰謀の花盛りです。しかし、呪縛というのは、いわゆる陰謀論者が喜ぶような話ではありません。そういった話も、呪いの中に入りますが、彼らは、低次元の世界しか知らないので、呪いのレベルも低次元の話になってしまう。そういった話をすることで、刺激を受けたいだけだと、私は思っています。

イギリスなども、今はスピリチュアルブームが過剰になりすぎて、大変なことになっているようですが、それらは、すべて55次元の「アソビノオオカミ」が言う「陰謀」とは、まったく別物であり、次元の違うものです。高次元視点から見た「陰謀」については、これほど大勢の人が陰謀論を唱えながら、真の陰謀には、まったく気づいていません。日本人は、集中的に呪いをかけられており、一番問題なのは、その呪いを70%の人が認識していないことです。

自分にかかった呪いを知らずに、呪いを解くことはできません。なぜなら、呪いは、本人が呪いにかかっていると認識し、呪いのない状態になりたいと願い、自分の意志で、「呪いを解く」と設定しない限り解けないからです。そこをすっ飛ばして、他者が勝手に呪いを解くことは、残念ながらできないのです。

ですから、まず、自分が呪いにかかっていると、自覚してください。そして、それを解くためにアクションを起こしてください。例えば、友だちといないと不安になり、安心感や幸福を感じないというなら、呪いにかかった状態です。それを認識して、呪いを解く方法を考えるのです。

ただ、そこで大事なのは、今の自分に何ができるかということで、いきなり、全部の友だちをブロックし、家族と縁を切って、山の中に籠ったりする必要はありません。友だちと付き合いながら、今よりもっと、自分だけの時間を大切にする、ＳＮＳやメディアから一旦離れて、情報デトックスをしてみる……といった、易しいところから始め、一段ずつステップを上がっていけば、少しずつですが、自然に変わっていくはずです。

そして、孤独を愛し、一人で過ごす時間が自分の幸せ、これが自分の生き方だと認識するようにします。毎日、それを繰り返すのも、呪いを解く一つのアドバイスになるでしょう。

私は、今、日本の国内、海外で、レムリア文明時代、アトランティス文明などのエネルギーを開いています。それは、明治から昭和にかけて、何度も政府から弾圧を受けた、新宗教「大本教」の教祖・出口王仁三郎《でぐちおにさぶろう》もトライしてきたことなのですが、江戸時代までは、レムリア文明時代のエネルギーが、日本に受け継がれていました。そのため、開国までは、ずっと「個」の独立が守られていたのです。

実は、最近、私のパラレル過去生の中に、ジーザス・クライストに加えて、釈迦がいることが、新たにわかりました。驚くと思いますが、それだけではなく、ナポレオンと明治天皇、聖徳太子も私のパラレル過去生です。また、パラレル宇宙において、私には、北条義時と源義経の過去生もあるのですが、さらに重要な過去生があって、それは徳川家康でした。

ここまで聞けばわかると思いますが、２０２２年の大河ドラマ『鎌倉殿の13人』、２０２３年の『どうする家康』と、私ドクタードルフィンのエネルギーに関するテーマばかりをＮＨＫがやりだしているのは、高次元の霊的なエネルギーが関係しており、偶然ではありません。『鎌倉殿の13人』の時もそうでしたが、現在放送している『どうする家康』も、私は、自分のエネルギーをすごく感じています。日本人の良さを、江戸時代までつないだきっかけをつくったのは、家康ですが、ペリーが来て、明治維新が起こり、鎖国が解かれたことで、日本人のエネルギーは封印されてしまいました。私は、家康の過去生がかなり影響しており、家康のエネルギーそのものですから、今、それを使って、封印を解こうとしているのです。

第4章

呪縛を解く究極のアプローチとは

地球上で最も意識次元が高い生きものはカメレオン

3次元で生きる人間にとって、一番の弱点は、感情です。ロボットと違い、人類が、生身の人間である証しは感情であり、「人間らしさ」でもあるのですが、喜怒哀楽があることで、常に揺れ動き、乱れてしまうのも、人間です。喜怒哀楽というのは、字のごとく、喜ぶ、怒る、哀しむ、楽しむ、の、4つの感情です。これは、まさに、地球人が凝縮した姿です。世界の人類意識の次元が、3・7次元から3・8次元で留まったまま、4次元に上がれないのも、喜怒哀楽があるためです。

これまで、人間の感情について、宇宙的な高次元の視点で述べた学者はいないし、自己啓発家もいません。私が初めてなので、戸惑う人もいると思いますが、私は、「アソビノオオカミ」の55次元の観点で話しています。つまり、私ドクタードルフィンが言っていることではありますが、「アソビノオオカミ」

からのメッセージであると、理解してください。

私の自著『地球生きもの高次元ＤＮＡ ｗａｖｅ』（ヒカルランド）で、人類が豊かに幸福に生きるためには、地球エネルギーと強く繋がる必要があること、そのためには、爬虫類や昆虫、動物などの44種類の地球生きもののエネルギーと共鳴し、彼らのサポートを受けることが大事という話をしました。そして、クジラやイルカはエネルギー次元が高いと書いたのですが、さらにその上、地球の生きものの中で、最も意識次元が高いのは、「カメレオン」です。誰も知りませんが、実はそうなのです。

「カメレオン」は、表情に喜怒哀楽を出しません。どんな環境にいようが、暑かろうが、寒かろうが、嵐だろうが、食べものがあってもなくても、目をパチッと開いて、同じ顔をして、そこに存在しています。

彼らは、いつも、幸せなのです。この間、「カメレオンの聖地」と言われている、「マダガスカル」に行って、「カメレオン」と戯れてきたのですが、それはもう、最高の体験で、改めて、「カメレオンの意識次元」が、地球上で最も高いと実感できました。彼らは、常に、感情が一定なので、環境や状況によって、意識エネルギーが動じることはありません。たまに、ひまつぶしのように、コオロギなどを、これまたすごい精度で、一瞬で捕獲しますが、それも、1日1回、食べるかどうかです。

彼らは、あまり食欲がなく、長く寝てもいません。起きているのも、寝ているのも、ほぼ同じ状態で、じっと動かない。何よりすごいのは、周りが緑なら緑、赤なら赤、黄色なら黄色と、環境に合わせて、体の色を変化させていくことです。これは、状況を変えようとしない人間と真逆の性質で、非常にフレキシブルです。適応力がずば抜けて高いということです。しかも、何があっても、自分を持っていて動じないし、安定しているのです。

イルカも、意識次元が高い生きものです。私は、多次元パラレル宇宙において、あらゆる次元の、あらゆる体験を知っているため、イルカの感情もわかるのですが、彼らの心の中には、喜怒哀楽の嬉しさも楽しさも、怒りも哀しみも、同時に存在しています。どれか一つの感情に偏ることがなく、アップダウンもないのでとても、バランスがいいのです。そして、喜怒哀楽のどの感情も、〝遊び〟の一つとして、自由に選ぶことができます。

一方、人間は、哀しかったら哀しいまま、楽しかったら楽しいまま、他の感情はオフになってしまいます。哀しい時は哀しみしか感じられないし、怒りまくっていれば、頭に血が上って制御が効かなくなってしまう。でも、イルカは違います。喜怒哀楽すべての感情が同時存在しているので、瞬時に好きな方へ切り替えられます。感情に振り回されるのではなく、哀しい体験をしたかったら哀しみを、楽しさを体験したければ楽しみを、好きなおもちゃを選ぶように自由に選んで、遊んでいるのです。

シリウス星文明やアルクトゥルス星文明、プレアデス星文明、ベラ星文明や、アンドロメダ銀河の次元の存在たちは、喜怒哀楽はあっても、イルカと同じように、遊びとしてコントロールし、自由に選択しています。地球人類のように、感情に振り回され、哀しくなったり、落ち込んだり、イライラ怒るという現象はありません。

なぜ、地球人だけが、感情に振り回されるのかというと、喜怒哀楽は、人類の意識を封印するのに、一番都合のいいやり方としてインプットされたからです。そのように、喜怒哀楽によって、地球人を封印しているのは、霊体としての地球存在たちです。中には、生き霊として、生きた人間が世界をコントロールしていることもありますが、おもに、霊体となった人々が、喜怒哀楽を使って、人類を封印しています。怒らせたり、哀しませたり、「怒」と「哀」のネガティブな感情で煽っているので、封印の力は非常に強いのです。

感情の中でも、特に、強力に使われているのが、「不」という字を使う「不安」と「不満」です。この二つは、人間を封印し、意識次元を下げるには、一番手っ取り早いものなのです。喜怒哀楽の感情を通して、「不安」「不満」を煽り、洗脳し、呪縛をかけることが、最も、容易《たやす》く強力な呪いの方法なのです。ですから、本書の読者は、まず、この方程式をしっかり理解してください。「喜怒哀楽を出しすぎるから、それによって、不安、不満を作られ、操られている」ということを知ってもらうために、私は、この方程式を、皆さんに伝えているのです。

人間は、喜怒哀楽を制御できないので、その影響をもろに受けてしまいます。環境が変わろうが、周りで何が起ころうが、動じない「カメレオン」や、好きな感情を選び、戯れる「イルカ」と違い、瞬間、瞬間、揺れ動き、その度に、幸不幸の感情も移り変わっていきます。昨日は、天国かと思うほど幸せを感じていたのに、今日は、些細なことで、どん底の気分になってしまうのです。

しかし、それが、人間です。自著『スーパーハピネス　超幸福論』（ＤＲＤエンタテインメント）や、『異次元　奇跡の法則―宇宙レベルの奇跡を叶える方法―』（ナチュラルスピリット）でも、詳しく書いていますが、喜怒哀楽があるのが、地球に生きる人類の姿なのです。

地球社会は、喜怒哀楽を体験する場で、それを、私は、「魂のジェットコースター」と表現しています。上昇と下降を繰り返して、学び、成長していくための場所で、思いどおりにはいかないことをあえて体験するのが、地球であり、これは、他の星文明にはない特性です。

ですから、喜びと感動に溢れることも、死にたくなるような絶望や哀しみに打ちのめされることも、同じくらいに、たくさん体験するでしょう。しかし、ポジティブであろうとネガティブであろうと、どちらも、人類には必要な体験です。なぜなら、3次元の世界では、絶望と哀しみを味わうからこそ、感動や喜びが生まれるからです。どちらか片方だけでは、もう片方の感情は体験できません。

喜怒哀楽によって揺れ動き、アップダウンを繰り返す「魂のジェットコースター」は、3次元の世界でしか味わえない、貴重な体験なのです。

あらゆる存在は、生まれた瞬間、呪いにかかっている

私は、ギリシャ神話の勉強をしていて、２０２３年4月に、10日間のギリシャエネルギー開きをしてきました。なぜ、ギリシャ神話の勉強をして、神々のエネルギーを開いたのかは、自分が存在している宇宙と同時存在しているパラレル宇宙の、まったく別のパラレル過去生の中に、ギリシャ神話のゼウスとアポロンがいるからです。先ほど話したパラレル過去生も、そういうことで、別の宇宙、別の次元で、私は、ジーザス・クライストであり、聖徳太子であり、釈迦なのです。

ゼウスというのは、ギリシャ神話で最も有名な全知全能神です。アポロンは、太陽神で、光明の技術や医療、音楽、芸術を司る神です。ポセイドンとアフロディーテとアスクレピオスもそうですが、その二つが、私のおもなギリシャ神のパラレル過去生です。ギリシャ神話も、始まりはカオスでした。カオスとい

うのは、まったく何もない「無」の世界で、そこに、ウラノスという天空神とガイアという女神の地球神が生まれ、そこから生まれた神たちにより、ギリシャ神話ができました。

つまり、無に突如、「有」の存在が突然生まれ、それが神々を生み、ギリシャ神話の始まりとなりました。自著『0と1（宇宙で最もシンプルで最もパワフルな法則）』（青林堂）を読んでもらうと、よくわかると思いますが、ここで言うカオスとは、「0」の状態で、神々の誕生は、「1」となります。

我々は、何もない「0」のところから始まり、常に「1」を選び続けて生きているのです。しかし、今より意識次元を上げ、新たな「1」を選ぶには、何もなかった最初のポイント「0」に、戻らないといけない。呪縛を解くには、「0」の視点に、一度、立ち返る必要があるのです。

コロナが2類から5類になり、マスク着用義務もなくなっても、まだ、マスクを取らない日本人は、かなり強力な呪縛にかかっています。彼らを目覚めさせようと、「マスクを取れ！」と言っても、絶対に取りません。もう、パンツを脱がされるぐらいの勢いで抵抗してきます。それぐらい、呪いの力が強いのです。

日本人には、そもそも、我々が、こうして生きて、この宇宙で感じること、体験することは、すべてが呪いであると、気づかせないといけません。そして、そこを脱する方法は、すべてが生まれる「０」ポイントに戻るしかないと、きちんと教えてあげないといけないのです。

ただ、今言ったことは、相当レベルの高い表現なので、「アソビノオオカミ」の教えとして理解するには、私ドクタードルフィンの教えをしっかり勉強してもらわないといけません。「世の中に存在する全部が呪いってどういうこと？」「ドクタードルフィン、いっちゃってる」とか、「怪しい」とか、「頭がおかしい」とか、みんな言い出します。でも、それは、本当のことを、知らないからです。

本当の自分とは、「0」ポイントにいる自分です。何もないカオスの状態、かつ、すべてがある状態。「0」の状態が、本来の自分であり、そこから、一歩出て、「1」を選んだ時点で、重荷を背負った自分となり、課題を持つのです。でも、それは、再び「0」に戻るために、設定されたことです。誰もが生まれた瞬間から、「1」を選び続ける旅に出るのです。

素粒子が、ポジティブとネガティブの同時存在で生まれるように、本来は、楽しい経験をしたら、哀しい経験も、同時にエネルギーとして存在します。我々人間は、陰陽どちらも学ぶ目的で、地球を選び、生まれてきたのですが、呪いをかけられているため、片方しか体験できないし、片方しか、見ることができない状態になっています。

楽しい経験も哀しい経験も、「遊び」として選ぶイルカは、両方を同時に保有することができます。そのため、常に自由で、あるがままの姿で生きられます。でも、人間は、「0」から出た途端、喜怒哀楽の感情に縛られ、自由を奪われ、本当の自分でなくなります。すると、どうなるのでしょう？「こうあるべき」と、片方しか見えなくなり、「こうあるべき意識」が設定され、「こうあるべき自分」を生み出します。これが、呪いです。

カオスである「0」には、すべてがあります。「0」は無なのに、何で、すべてがあるの？と、思うでしょうが、高次元の宇宙で、「0」とは、何も決定していない、何も選択されていない、あらゆるものが、同時に存在している、無限大の状態です。そこには、足りないものも、一片の欠けもなく、一番バランスが取れていて、何も変える必要がないのです。でも、その「0」から飛び出すと、魂のパーソナリティである個性が生まれます。そして、魂の個性が生まれた瞬間に、「0」に戻らないといけないという使命を持つのです。

それは、宇宙存在も、宇宙人も、私たち地球人も、エンジェルもアセンデッドマスターも、神も、すべて同じで、存在している理由は、たった一つ、「0」に戻るためです。

それ以外の根本的な理由はありません。大昔から、カントとかプラトンとか、多くの哲学者が、いろいろなアプローチで、「生きている理由」や「存在の意味」を定義してきましたが、どれも、3次元的な視点で言われていることです。高次元の視野で見ると、あらゆるものの存在理由は、「0」への回帰です。ですから、魂は、「0」から飛び出したら、そこに戻るために、「こうあらねばならない」という課題を持つ存在となり、これが、最初の呪いになります。

呪いにも、高次元レベルの呪いから、低次元レベルの呪いがあり、お金に操られているとか、悪霊に呪われているといったものは、低次元の呪いです。高次元の呪いの中では、いつの間にか自然に、呪いにかかっているのです。

感情を抑圧すると魂が封印される

宇宙では、魂が生まれた時、すでに課題を持ち、呪縛されるという、ここまでの話をまず、知っておいてください。

その上で、地球人は喜怒哀楽に振り回されているという話に戻りますが、実は、江戸時代までは、日本人は、それぞれ、喜怒哀楽を自分でコントロールする能力に優れていました。どういうことかというと、例えば、平安時代は、感情を和歌にしていました。品良く、賢く、時に、ユーモラスに喜怒哀楽を表現できる文化を持っていたのです。

江戸時代にしても、士農工商があったので、現代のような、「それなりに幸せ」、という、曖昧な「中流」の幸せは存在しませんでした。今の若者に、「あなたは幸せですか？」と、聞くと、多くの人が、「まぁ、人並みに」と言って終わるでしょう。

そういった中流意識は、宇宙的にいうと不幸です。江戸時代の士農工商は、階級がきっちり決められており、上級武士と下級武士は、まったく違う生活をしていました。でも、それぞれの身分で、それぞれの幸せが確立していたので、他人と比較して、自分の幸不幸に一喜一憂することはありませんでした。

そこが崩れたのは、やはり明治になってからです。士農工商が撤廃され、万人が「平等」と法律で定められましたが、その一方で、新たに入ってきた資本主義によって、「誰でも、お金持ちになれますよ」と、煽られました。ここに、大きな矛盾があって、平等は共産主義で、富の格差は資本主義ですから、共存できるわけがありません。ここから、日本人は壊れ始めたのです。

日本人の精神性は、明治維新と戦後のアメリカ政策によって、ダブルで壊されました。理由は、繰り返しになりますが、日本人が世界のリーダーになる能力を持っていたからです。それを知っていたアメリカが、潰しに来たのです。その結果、「平等」「中立社会」「中流意識」を植え付けられ、飛び抜けたヤツはダメだ、出る杭は打たれるから、常に周りを気にして、飛び出ないようにしようと、皆が思うようになりました。そこで、「世間体」ができたのです。

そうやって、明治維新と戦後の二度にわたる洗脳で、日本人は、とにかく目立ってはいけない、普通でいたい、変な人に見られたくないと、世界中から奇異に見られるほど、同調圧力で自らを呪縛する民族になったのです。

私は、徳川家康と明治天皇の両方のパラレル過去生を持っているので、日本人が変化していった経緯がよくわかるのですが、和歌を交わしてコミュニケーションをしていた平安時代も、士農工商によって身分を定められていた江戸時代も、喜怒哀楽と上手に付き合い、伸び伸びと感情を表現できていました。

しかし、明治以降は、感情を抑圧する仮面人類になってしまったのです。自分の感情を押し殺し、歪め、同調圧力に沿う人間です。これは、何も考えず、とりあえず、皆で同じことをする状態です。しかも、分厚いエネルギーの仮面を被せて、喜怒哀楽を隠しているので、さらにひどいことになっています。喜怒哀楽の抑圧は、魂の抑圧ですから、本当の自分を完全に封印されている状態です。

カフェなどで、今の若者の会話を聞いていても、人間らしい喜怒哀楽がなくて、驚きます。誰もが同じようなテンション、同じような言葉で話して、全員、同じ表情に見えます。それぐらい、日本人は、知らないうちに、喜怒哀楽も、魂も、封印されてしまったのです。

「カメレオン」のように、喜怒哀楽を超越している、もしくは、「イルカ」のように、喜怒哀楽を自由にコントロールするには、意識の次元上昇が不可欠です。喜怒哀楽は3次元の現象で、4次元、5次元と、次元が上がっていくと、どんどん薄れていきます。

しかし、喜怒哀楽があるのに、それを抑圧して、ないように見せかけるのと、自然になくなっていくのは、まったく別の現象です。その違いは、私をとおして、「アソビノオオカミ」が、しっかり伝えておきたいところです。

マスクは、息苦しく、不快で、不健康なものです。しかも、感情が出やすい口元を隠してしまうので、互いの表情がわかりません。しかし、できるだけ感情を隠したい、ごまかしたい人たちは、マスクを取りません。花粉症や健康上の理由で必要な場合を除いて、これは、もう、感情がないロボット、もしくは、ゾンビです。こういう人たちがのさばっているから、日本人は、呪縛が解けず、なかなか上がっていけないのです。

呪縛を解くためには、まず、喜怒哀楽を解放してください。いきなり、「カメレオン」や「イルカ」レベルにはいけませんから、そこに近づくための第一歩、呪縛を解く一歩目として、哀しい時は哀しい、楽しい時は楽しい、怒りを感じたら、きちんと怒って、感情を、素直にピュアに出していくのです。

その上で、例えば、食事は１日３食とか、何時間寝ないといけないとか、カロリーはこれだけ摂取しなきゃいけないとか、固定観念や常識、しきたりとしてやっていることを、一回、見直して手放していくのです。

その他にも、友だちを作らないといけないとか、親を大切にしないといけないとか、さまざまな束縛がありますが、私は、友だちがいなくても、まったく問題ないと思っています。やりたくないこと、不快なこと、違和感を感じることは、やらなくていいのです。やりたくない人に、「やれ」と言っても、本人は苦痛なだけです。それなのに、無理をして周りに合わせ、自分を抑えてしまうと、うつ病とか自律神経失調症など、精神や身体を病んでしまいます。そうなるぐらいなら、素直に、喜怒哀楽を出した方がいい。出したことで、不道徳だ、非常識だと、社会から責められたとしても、自分が壊れていくぐらいなら、「お前は悪魔だ」と言われていた方がずっといいでしょう。

周りに従うことが悪いとは言いませんが、従いたくない人には、従う必要はありません。一番、大事なのは、魂が望む方向に行くことです。それは「楽」で「愉しい」、と感じること。どちらか片方だけではダメです。楽なおかつ愉しい自分を表現していくのが、呪縛を解く、第一歩です。

意識次元を上げるため喜怒哀楽を味わい尽くす

私が最もひどいと思うのは、病院などで、食事を嫌がる年寄りに、無理やり食べさせていることです。食べたくないということは、食べないことが体にとっては理想の状態なのに、口をこじあけ食物を入れるのは、もう、拷問です。江戸時代は、食べなくなった人には食べさせないし、動かなくなった人は動かしませんでした。ですから、穏やかに死んでいけました。一方、現在は、無理やりにでも、常識や固定観念で「正しい」とされることをするのが良いとされています。それは、宇宙的には正しくありません。

ごはんを食べたくなかったら、食べなくていいのです。人と付き合えないなら、付き合わなくていいし、学校や会社に行きたくなかったら、行かなくていいのです。「それだと、お金が稼げず、収入がなくなるじゃないか」という意見もあるでしょうが、これからは社会の仕組みが変わります。自著『超古代ピラミッド「富士山」と高次元フリーエネルギー　その覚醒・起動による近未来予言』（青林堂）でも書きましたが、今後は、学歴や肩書きの時代ではなく、個性と能力の時代になるので、江戸時代の士農工商のように、それぞれが自分の特性を持っていれば、それできちんと食べていける。生きていけるサイクルが、社会にできていくでしょう。

そうなれば、無理に学校へ行き、友だちを作る必要もありません。そのシステムが定着すれば、いじめもなくなるでしょう。いじめは、自分を犠牲にして行動する結果、出てくるものですから、誰も犠牲を払わず、やりたくないことを無理にやらなければ、おのずと消えていくはずです。それが、「個」の強化であり、「個」の独立なのです。

超古代のレムリア文明の時代から縄文時代に引き継がれてきたのが、「個」の強化・独立です。アイヌ民族などもそうですが、彼らは、「個」の独立と融合を繰り返してきました。なぜかというと、それが呪縛を解くステップだからです。

批判されても、責められても、自分の生き方を貫いていると、そのうち周りから、それを受け入れるようになります。最初は、あれこれ邪魔もされますが、次第に、「あいつはあいつで好きにすればいい」と認められるようになります。そうなると、自分本来の才能や資質が開花していき、その人しか持っていないものが、必ず出てきます。それが、自分が生きていくための能力であり個性です。能力と個性の中には、喜怒哀楽の表現も入っています。

今の私は、喜怒哀楽があまりありません。ただ、ただ、宇宙に浮いているような感覚で、次の瞬間、家族も人類もいなくても、「カメレオン」が1匹だけいてくれたらいいや、と、思います（笑）。自分以外、すべてがなくなっても、同じ状態で生きていける自信があるからです。

でも、まだ、この地球上で、人に教え、人を育て、社会の次元を上げて行かないといけないので、昆虫を育てたり、部屋をカメレオンのぬいぐるみだらけにしています（笑）。そのうち、カメレオンの生体も、買うつもりです。自分の使命を果たしていくために、人がやらない贅沢をして、お金を回しています。

なぜかというと、自分の中に喜怒哀楽を作るためです。私は、高次元にいるので、喜怒哀楽を作らないと、3次元の世界から完全に消えてしまいます。自分を地球に留まらせるため、自発的に、喜怒哀楽を持たせるようにしているのです。

今の一般的な日本人は、意識次元が低いため、不満を溜め込み、常に、何かを失う不安と恐怖の中で生きています。そこから解放されるには、自分が、今、どんな感情を抱いているのか、何を感じているのか、正しく自覚しなくてはいけません。

感情を抑圧して仮面を被り続けている人は、仮面が自分そのものになっています。感情が麻痺した状態が常態化しているので、自分の中がどんどん空っぽになり、みんなと同じ表情、同じ行動、同じ話し方をしていることに気づいていません。

それでは、あえて喜怒哀楽を持って生まれた魂としての自分に気づくことはできないし、独立した「個」として生きられるはずもありません。喜怒哀楽を超越し、「0」に近づくためのステップとして、喜怒哀楽をしっかりと体験する必要があるのです。ですから、哀しみや怒り、喜び、楽しみの感情のすべてを受け入れ、素直に表現してください。嬉しい時は心の底から喜び、哀しければ涙が枯れるまで泣いて、感動したら、全身全霊で噛みしめるのです。そうなって初めて、人は本当の自分の世界を生きられるのです。

湧き上がる感情を味わい尽くしていけば、徐々に喜怒哀楽が薄まり、気づけば、感情に振り回されない人間になっていきます。喜怒哀楽イコール不安定ですから、喜怒哀楽を喪失するにつれて、どんどん、心が安定していくでしょう。それは、先ほど言ったように、喜怒哀楽を抑圧して仮面人間になるのとは、まったく別の現象です。それは、何があっても動じず、揺らがない、安寧《あんねい》の状態です。

その状態を維持できるようになると、意識次元が上がっていきます。そして、束縛も呪縛も、どんどん解けていくでしょう。

「冠婚葬祭」を重視する人間は洗脳されやすい

日本ほど、冠婚葬祭に縛られた国はありません。もちろん、韓国やインド、東南アジアも、そういったものを大事にします。特に、韓国は儒教の国ですから、冠婚葬祭を重んじますが、日本ほどではない。高次元から見ると、日本の冠婚葬祭のしきたりは、習慣化された、ただの体裁となっています。形式化して、魂がまったく乗っていません。このような体裁や形式を重視する人間は、操られやすいのです。洗脳され、呪縛されやすい要素を持っています。

私は、生まれた時から、すでに、周りと違っていました。意識次元が3次元ではなかったので、子供の頃から、どうして学校に行くのかとか、働くのかとか、お金儲けをするのかとか、当たり前に言われること、やらされていることが、とても不可思議でした。

今も、皆が同じことをすることに違和感があり、特に強く感じるのは、お葬式です。私からすると、そこにいるのは、もう死んでいる人、身体だけになった抜けがらか着ぐるみのような存在です。人は死ぬと、魂は３次元の世界を抜けて、違う次元に行ってしまっているのに、皆、忙しい予定をわざわざやりくりして集まり、お坊さんを呼んで、お経を読んでもらいます。さらに、良くないのは、お香典の習慣で、霊的なものや高次元のものとお金は、エネルギーが反対なので、相入れません。皆で集まったり、お経を読むのも、悪いとは言いませんが、霊体はそんなものを求めていないのです。

私は、今も昔も、何のためにお葬式に行くのだろう？　と思っています。亡くなる前、まだ魂がいる時に、交流するのはわかるけれど、亡くなった後、皆で着ぐるみを囲んで、「いい人だったね」と、生前の話をしても、故人にとっては、まったく意味がありません。それだったら、亡くなった霊体（魂）を見守り、語りかけ、サポートしてあげた方がずっといいのです。

多くの人は、先祖などの亡くなった人が生者を見守ってくれる、一方的にサポートしてくれると思っていますが、そうではなくて、生きている人が、亡くなった人をサポートすることもできるのです。しかし、そのために、わざわざ集まる必要はありません。それぞれの場所で、故人をしのび、思いを馳せればいいことですから、式は必要ないのです。遺族を癒すためにやるというのであれば、それはそれでいいと思いますが、霊体にとっては意味がない習慣です。

私自身は、どこか山の頂上で、誰にも知られず、死にたいと思っています。死ぬというのは、地球を卒業して、新たな次元に行くお祝いです。お祝いなのに、お葬式をして、皆で悲しむのは、「死んだ人は弔わないといけない」という、生者にかけられた呪縛だと私は考えています。

冠婚葬祭の「婚」にしても、自著『超古代ピラミッド「富士山」と高次元フリーエネルギー　その覚醒・起動による近未来予言』（青林堂）で記したように、私は、30年後の地球には、婚姻届も離婚届もなくなっていると予言しています。そもそも、そんなものがあるのは地球だけで、紙切れ1枚で関係性が変わるなんて、おかしな話です。結婚したければ、「これから、仲良くしましょう」と一緒になって、仲良くするのに疲れたら、「さようなら」と、自由になればいい。

高次元の宇宙では、エネルギー的に繋がっているので、わざわざ、一定の相手と契りを交わす必要はありません。ですから、妻と夫という夫婦の概念もありません。それぞれ、エネルギー的な強弱はありますが、パートナーが何人もいるのが普通です。宗教や国によって違いはありますが、一人の相手とだけ婚姻関係を結び、それを破ったら、叩きのめすというのは地球だけです。すべては呪縛で、そういうふうに教育され、男女関係はそうあらねばならないと、植え付けられた洗脳です。

「汝、姦淫するなかれ」というキリスト教の教えも、私は、ジーザス・クライストのパラレル過去生も持っているからわかるのですが、ジーザスは、そんなことを教えていません。ローマ帝国が民衆を支配しようとして作っただけの話です。でも、今後は、エネルギー的に変化し、マリア様のようにセックスレス出産も増えていくでしょうから、一夫一婦制の縛られた婚姻関係も、淘汰され、必要なくなっていく時代がくるでしょう。

冠婚葬祭のしきたりや行事は、非常に呪縛されやすい意識状態を作ります。そのベースにあるのは不安で、特に、命に関わることは、不安を増幅させます。お葬式でちゃんと祈ってあげないと死んだ人は供養されないとか、成仏しないとか、もっとひどくなると、自分が呪われ、祟りが起こるとか、自分が死んだ時のことまで心配し、恐怖にかられてしまうのです。そういうエゴと不安が、冠婚葬祭の習慣を作り、束縛を強めていますから、そこから逃れる意識を持ってくださいと、「アソビノオオカミ」は言っているのです。

結婚式も、お葬式も、世間体ではなく、自分の意志で行くものです。例え、行かなくても、結婚した人に祝福を送り、死んだ人に愛と感謝を送り、霊体のエネルギーを上げればいいのです。その方が、結婚式やお葬式に行って、お祝いやお香典を渡したり、式典をあげるより、霊体にとっては、ずっといいことだからです。常識や固定観念で行っている冠婚葬祭というしきたりは、呪縛です。これからは、それに気づき、手放し、離れていく勇気が必要でしょう。

第5章

呪いから解放され、新たな世界へ

パラレル変換と高次元フリーエネルギー

2023年の3月、ヤフーニュースで、NHKの画期的な記事が出ました。名古屋大学などが参加する国際調査チームが、長年の研究の末、エジプトギザのクフ王のピラミッド内部に、これまで知られていなかった新たな空間があることを確認したのです。

空間は、ピラミッドの北側の斜面から中央部に向かって延びる道路のような形で、縦横2メートル、奥行き9メートルあり、今世紀最大の発見になるだろうと言われている、大変、ショッキングなニュースです。

私は、朝の5時頃、ベッドの中でこのニュースを読んだのですが、実際の空間の写真を見た瞬間、これが、「スターゲート」だとすぐわかりました。「スターゲート」とは、異次元との出入口のことで、高次元リーディングをしたところ、まさにそうでした。どういうことかというと、エジプト時代、神と崇められていた人々は、そのピラミッド内の「スターゲート」を通って、高次元の星文明からやって来ていたということです。だから、人々に神と思われたのです。

「スターゲート」は、映画にもよく出てきますが、そこに入ると、異次元の世界に行き、そこから出ると、３次元に戻るということです。異次元との出入口です。そこには、高次元につながる「スターゲート」という強力なブラック・ホワイトホールが存在していたわけです。

それが、なぜ、この時期に発見されたのか。その理由は、４年半前に、自著『ピラミッド封印解除・超覚醒　明かされる秘密』（青林堂）で記したように、私が、人類史上８番目のトライアルで、人類史上初めて、クフ王のピラミッドの封印を解いたためです。

さらに、昨年の２０２２年末に、私は、世界ナンバー１のピラミッドである「富士山」のエネルギーを開きました。それにより、ピラミッドの秘密である異次元の出入口「スターゲート」が発見されたのです。

　ヤフーニュースの発表の後、改めて、高次元リーディングにてクフ王のピラミッドを読んだところ、今回発見された空間の他に、オクタヒドロン（正八面体）の上の四角錐の真ん中に、４×15メートルの、さらに広い空間の「スターゲート」があり、そこから、より高い次元の宇宙と繋がっていることがわかりました。高いレベルのエジプトの神・アヌビスは、私ドクタードルフィンのパラレル過去生でもあるのですが、エジプト時代、その「スターゲート」を通し、地球に出入りしていました。

　そして、もう一つ、地球ナンバーワンのオクタヒドロン型ピラミッドである富士山の真ん中には、15メートル×40メートルぐらいの、クフ王ピラミッドのそれを遥かに超える空間が存在しており、それが、世界一の「スターゲート」です。地球で一番大きく、パワフルな「スターゲート」は、日本の富士山にあるのです。

ここを通れば、どこでも、あらゆるパラレル宇宙へと飛ぶことができるのですが、いよいよ、それが、世に出ようとしています。クフ王ピラミッドの空間が新発見された話は、そういうビッグニュースであり、これは、私が、ギザのクフ王ピラミッドと富士山のエネルギーを開いた結果として起きたことです。これは、過去に封印されていた「スターゲート」が、今後、次々と開き始めるサインなのです。この話を踏まえた上で、パラレル変換と高次元フリーエネルギーによる変化について、少し話したいと思います。

例として、膝の痛みで歩けなくなり、私のところに診療に来た男性の話をしましょう。何年も治らなくて、あちらこちらの病院に行って、レントゲンを撮り、いろいろな治療をしたけれど、痛みが取れないということでした。中には、ヒアルロン酸やステロイドの注射をしようとした医者もいたらしいですが、私から見ると、明らかに、痛みの根本原因は膝でありません。その男性は、数年前、事故で背骨を骨折しており、それが、まず大きな原因の一つでした。

根本の原因は、3次元的に言うと、一つは、遺伝的な要因。あとは、空気や土壌など環境的要因や食生活、さらには、物理的な要因など、あらゆるものが原因になりうるので、一概には一つとは言い切れません。

よく、パソコン作業を1日何時間もして、座ったままの生活をするのは良くないと言われますが、本質はそうではありません。10数年前ぐらいの医学では、座ったままの生活は良くないと言われていましたが、座りっぱなしでも、まったく大丈夫な人もいるし、座っているどころか寝てばっかりでも、問題ない場合もあります。

問題なのは、そもそも、立ったり動いたりするのがつらいから座っているのに、「座っているのが悪い」と、無理に運動をさせることです。座るから具合が悪くなるのではなく、つらいから、結果として、座ることになっているわけですから、原因と結果が逆なのです。身体が楽になれば、自然に勝手に動きたくなります。

マッサージも、凝っているところをいくらほぐしても、１時間後には戻ります。凝っているのは、身体が「凝る」という指令を出しているためですから、いくら外側からごまかしても、身体は元に戻ろうとするのです。凝りを取りたいなら、まず、血行を良くするとか、根本的に治す必要があるでしょう。

私からすると、そんなこともわからない、感性の悪い医者が多くいるのは信じられませんし、アメリカでは、膝が痛いと言うと、すぐ手術をして、人工関節にしてしまう。膝に水が溜まっている場合も、病院に行くと、大きな注射で水を抜かれます。しかし、次の日になると、また、水が溜まって、また、病院へ行って抜かれて……と、何度も何度も繰り返し、それでも治らないわけです。これはもう、拷問です。

私がエネルギー的に診療をすれば、目の前で、一瞬で、数十ｃｃの水がなくなり、腫れや熱も、一瞬で、消えます。何をやっているのかというと、時空間を操作し、ブラック・ホワイトホールを通した高次元のフリーエネルギーで

〝痛みや熱がない状態〟にパラレル変換させるのです。この膝痛の男性も、高次元診療で、何年も取れなかった痛みがなくなりました。こんな診療法は、私以外の医者にはわからないし、そもそも、そんなことが可能だとは想像もしていません。トリックがあって、何かズルしたと、言い出すでしょう。明治時代の御船千鶴子さんなど、本物の超能力者を潰したのも、自分たちがわからないことやできないことを、いんちきとして認めなかった科学者や医者たちです。

しかし、私ドクタードルフィンの能力は、例えば、目の前の女性を一瞬で若返らせます。そんなことが起こるとは思えないのですが、高次元フリーエネルギーを使えば、実際に起こるのです。

宇宙には無限大のパラレルワールドが存在

一方、パラレル変換については、私が4年前に世に出した自著『多次元パラレル自分宇宙』（徳間書店）という本でも、詳しく説明しています。わかりやすく言うと、まず、私たちがいる宇宙を一つのシャボン玉として、捉えてください。で、シャボン玉に存在しているのは自分だけです。Aさんも、Bさんも、Cさんも、自分以外、誰もいないし、虫1匹、微生物1匹たりとも存在していません。つまり、一つのシャボン玉（宇宙）には、自分一人しか存在しないというのが、基本の考え方になります。

では、なぜ、目の前の世界には、いろいろなもの、いろいろな人がいるのか。例えば、私とAさんが同じ場所にいるのは、Aさんのシャボン玉と、私のシャボン玉が、交流しているためです。また、私が虫と戯れるのは、私と虫のシャボン玉が交わっているからなのです。

普通の人間は、自分のシャボン玉（宇宙）が1個しかないと思っていますが、そうではありません。何億、何兆、何京どころでもない、無限大の数の宇宙があり、そこには、虫である自分も、世界一の大富豪になっている自分も、宇宙人である自分も、思い浮かべるあらゆる自分が存在しているのです。

さらに言うと、思い浮かべることすらできない宇宙もあるのですが、浮かべられない宇宙は、自分の手の届く範囲には、ありません。言い換えると、思い浮かべることができる世界は、手が届くところにあるということで、それが、自分がアクセス可能な宇宙。多次元のパラレル自分宇宙、ということになります。

今ここの宇宙と多次元のパラレル宇宙とは、松果体で繋がっており、そのポータル（出入口）になるのが、いわゆる、ブラック・ホワイトホールです。これは、別の宇宙へとパラレル変換するための出入口で、自分を受け入れ、「0」の状態に戻ると、開きます。あとは、どの宇宙に行くのか選び、選んだ宇宙の「自分」になり切れば、その次元の「自分」になり、パラレル変換が完了します。

私は、あらゆるパラレル宇宙を自由に行き来していて、写真では、よく消えたりもしています。私のところに診療に来る患者さんに対しては、診療のためにポータルを開いて、別のパラレル宇宙に行かせ、再び、この宇宙に戻すこともできますし、また、あえて戻さないということもできます。

高次元フリーエネルギーによる変化は、パラレル変換とは違います。パラレル変換は、あなたが別次元の宇宙に行くと、戻ってこない限り、行ったままになり、こっちの宇宙では消えてしまいます。そして、行った先の、別宇宙には新しい家族関係や友人関係があり、前からそこで繋がっているような感覚を持ちます。つまり、パラレル変換したあなたに合わせて、周りがすべて変わっていますが、そこにいる人たちにとっては、前から変わらない世界なので、別宇宙からあなたがパラレル変換してきても、誰も驚きませんし、気づきません。

一方、高次元フリーエネルギーは、今いる宇宙、今いる世界に存在したまま、別次元の宇宙からエネルギーを取り出して、自分を変えていきます。つまり、変化するのは自分だけで、他の人は何も変わっていない。ですから、高次元フリーエネルギーを使用すると、こちらの変化に周りがびっくりします。

例えば、私が高次元フリーエネルギーを使って、足が麻痺して歩けなかった男性を診療する場合、その男性に対して、「自由に歩ける次元宇宙」からエネルギーを移し、「麻痺して歩けない」この宇宙の男性のDNAを書き換えます。そうすると、一瞬で、歩けるようになってしまうので、奇跡でも起こったのかと驚きます。でも、奇跡でも何でもなく、私が高次元フリーエネルギーを使用しただけのことです。

パラレル変換と高次元フリーエネルギーの違いを、このように語れるのは、地球では、私だけでしょう。最近は、パラレルワールドについて、本も出ているし、SNSでも多くの人が語っていますが、私からみると、表面的なものです。パラレルワールドは、皆さんが考えるよりも、はるかに壮大で、はるかに奥深く、まったく想像外の世界で、人間の理解を超えているものなのです。

私は、日本とアメリカで医学を学び、日本に帰ってきて、14年前に開業しました。２０２３年の４月20日が、開業14周年となります。

最初の頃は、薬や注射、手術、抗がん剤、放射線の治療をやっていたのですが、いずれも、これは人類の次元上昇にはならない、むしろ、次元を下げる、とわかり、新しい医学を追求してきました。

しかし、未だに、多くの医者たちは、仮面を被っています。自分や自分の家族にはワクチンを打たないのに、患者には打ってばかりです。家族には風邪薬を出さないし、抗がん剤投与もしないのに、患者には、「これがいい」と奨励して、処方しているのです。全部の医者がそうではありませんが、それが、医学の現状です。

病気は魂のシナリオが設定したもの

私の知り合いに「脊柱側彎症《せきちゅうそくわんしょう》」という、背骨が曲がっている疾患を持っている女性がいます。この疾患は、生まれつきのタイプ、思春期から曲がるタイプ、成人後、20歳過ぎてから曲がるタイプと、3種類あり、どれも、「原因不明」ですが、その女性は思春期型タイプでした。

よく、「病気の原因は何ですか?」と、聞かれますが、現代医学で原因不明とされている疾患や病気の多くは、目に見えない遺伝子が原因です。遺伝子については、すでにいろんな本でも書いていますが、誰にでも、目に見えない高次元のDNAがあり、いつ、どこで、何を、どのように体験するかというシナリオは、全部、魂が選んできており、疾患や病気も含めて、そこに書かれているのです。

脊柱側彎症に関していうと、3次元的視点では、原因は、ハウスダスト説やウィルス説、鉛や水銀説、さらに、繊細な思春期の過度なストレス説など、学会で言われていますが、どれも、合っているし、合っていません。なぜかというと、鉛や水銀を受けることも、親や環境からのストレスを受けることも、すべて、見えない高次元ＤＮＡに書かれていることだからです。ストレス説もウィルス説も、すべてあり得ることですが、魂が、そういう疾患や病気を引き起こす高次元ＤＮＡを設定したのです。

ですから、病気は、１００人いたら１００通りの原因があり、同時に、根本の原因は人それぞれということです。無知の医者たちは、「この病気は原因不明」とよく言いますが、目に見えない世界を知らずに、原因不明になっているるだけです。「原因不明」の病気は、私が見れば、原因は高次元ＤＮＡに書かれています。自己の魂が、そういう目に見えないＤＮＡを選んだということです。選んだ理由は、その病気を患うことで、気づき、学んで、進化し、成長するためです。地球というこの星に身体を持って生まれる時、魂の課題が設定され、あなたに呪いがかかります。

疾患や病気の他に、例えば、食べなくてはいけない、寝なくてはいけない、仕事をしないといけない、お金を儲けないといけない、友だちを作らなくてはいけない……といった、あらゆる「〇〇せねばならない」という固定観念も、すべてが呪縛です。

繰り返しますが、魂は、何もない「0」の状態から飛び出して、意識を持った時点で呪いにかかり、「1」を選択し続けることになります。しかし、再び、魂の存在である「0」に戻っていくと、あらゆるものが削ぎ落とされ、どんどん「何もしなくてもいい」意識状態になっていきます。そんな時、日本人は、「え？　何もしなかったら、死んでしまう、働かなかったら、食べていけない」と、騒ぎ出すでしょう。

しかし、高次元の視点では、魂が、最も幸福で、いい状態であるためには、何にも縛られず、何もしないことが、一番いいのです。すべてを受け入れ、あるがままでいれば、おのずと、幸せになっていくのです。豊かになるために何かをしなくてはいけない、幸せになるためにはこうあるべきと、思い込んでいることが、すでに呪縛です。そういう意味では、「アソビノオオカミ」の次元で言うと、人生のすべてが呪いと言えるでしょう。

しかし、あなたは、あえて、呪いを受けにきたのです。呪いにかかり、これは呪縛だと気づき、呪いから自分を解いてやるという、課題をクリアするために、地球に来ました。そして、今、まさに、この本を読み、課題を自覚して、取り組んでいます。そんなあなたが、洗脳から目醒め、呪縛を解いて、魂の存在である本当の自分を取り戻そうとしています。それこそが、地球人類を見守り続ける、「アソビノオオカミ」の真の願いなのです。

あとがき

　この本を手に取った瞬間、洗脳と呪縛を解くための一歩が始まります。その歩みは遅いかもしれません。しかし、通常、地球人類に直接関わらない「アソビノオオカミ」が送るメッセージはとても貴重で、エネルギー次元も高く、とてつもなく強力ですから、魂レベルの深い変化が必ず起こるはずです。

　そして、少しでも心が軽くなったり、言葉にできない感動を呼び起こされたら、メッセージが魂に届いた証拠だと思っていいでしょう。なぜなら、本文でも記したとおり、魂は「楽」で「愉しい」ことを、望んでいるからです。

　魂の歓びは、呪縛を解くことに他なりません。日本人は、今、呪縛が強すぎて、その状態が当たり前になっていて、気づいていませんが、魂の歓びを一瞬でも味わうと、あまりの至福感に、そこへ還らざるを得なくなり、魂を封印する呪いからの解放を渇望するようになります。

冒頭でも言いましたが、本書はそのきっかけとなる、高次元のエネルギーを言葉にして記したものです。これを読んだ人たちが、呪いに気づき、手放していけば、誰もが、本来、持っている霊性に目醒め、魂は、無限大の可能性を持つ「0」ポイントに近づいていくでしょう。しかし、人間は、一度、目醒めても、また洗脳され、呪縛に飲み込まれてしまうことを、私は知っています。そうやって呪縛と解放を繰り返すのが、地球人類の宿命であり、繰り返すことで学び、進化するのです。

皆さんも、呪縛を手放すための、学びと進化を諦めないでください。古来より高い霊性が備わっている日本人は、それゆえに、何度も、低い次元意識の呪いをかけられ、今も、呪縛が解けていません。ますます、呪縛度が上がっていることを、「アソビノオオカミ」は憂いていますが、呪縛を「祝縛」に変える能力を持っていることも、日本人の稀有な素質です。そこを忘れず、日本人であることに誇りを持ってください。呪縛を外す鍵は、本来の日本人らしさを取り戻すことにあります。それが、「アソビノオオカミ」から私に降りてきたメッセージです。

最後まで読んでいただき、ありがとうございました。

88次元Fa－A

ドクタードルフィン　松久　正

88次元Fa-A
ドクタードルフィン 松久 正

医師（慶応義塾大学医学部卒）、米国公認 Doctor of Chiropractic（米国 Palmer College of Chiropractic 卒）。

鎌倉ドクタードルフィン診療所院長。

超次元・超時空間松果体覚醒医学（SD-PAM）／超次元・超時空間DNAオペレーション医学（SD-DOM）創始者。

神や宇宙存在を超越する次元エネルギーを有し、予言された救世主として、人類と地球を次元上昇させ、弥勒の世を実現させる。著書多数。

ドクタードルフィン公式ホームページ　https://drdolphin.jp

宇宙マスター神
「アソビノオオカミ」の呪縛解き

令和5年7月23日　初版発行

著　者　　松久正
発行人　　蟹江幹彦
発行所　　株式会社　青林堂
〒150-0002　東京都渋谷区渋谷3-7-6
電話　03-5468-7769
装　幀　　TSTJ Inc.
印刷所　　中央精版印刷株式会社

Printed in Japan

ISBN978-4-7926-0747-0

神ドクター
Doctor of God

松久正

定価1600円（税抜）・並製

ピラミッド封印解除・
超覚醒 明かされる秘密

松久正

定価1880円（税抜）・並製

神医学

松久正

定価1710円（税抜）・並製

卑弥呼と天照大御神の復活

松久正

定価2880円（税抜）・上製

宇宙マスター神
「アソビノオオカミ」の秘教

松久正

定価2880円（税抜）・上製

至高神 大宇宙大和神の導き
操り人形の糸が切れるとき
松久正
定価2880円（税抜）・上製

0と1
宇宙で最もシンプルで
最もパワフルな法則
松久正
定価2880円（税抜）・上製

〝五芒星〟封印解除と〝魔除け〟
再起動
鬼門（白猪）・裏鬼門（八咫烏）の復活と天
照大御神の伊勢神宮内宮本鎮座
松久正
定価2880円（税抜）・上製

至高神大宇宙大和神の守護
破綻から救済へ
松久正
定価2880円（税抜）・上製

超古代ピラミッド「富士山」と
高次元フリーエネルギー
その覚醒・起動に
よる近未来予
松久正
定価3168円（税抜）・上製